汉字文化及教学研究系列丛书　主编　王玉新

山东省社会科学规划课题“甲骨文认知研究”（批准号：19CPYJ102）成果

甲骨文认知研究

王玉新　著

山东大学出版社

图书在版编目(CIP)数据

甲骨文认知研究/王玉新著. —济南：
山东大学出版社，2020.7
ISBN 978-7-5607-6643-0

Ⅰ. ①甲… Ⅱ. ①王… Ⅲ. ①甲骨文—研究
Ⅳ. ①K877.14

中国版本图书馆 CIP 数据核字(2020)第 111936 号

责任编辑 陈佳意
封面设计 张 荔

出版发行 山东大学出版社
社　　址 山东省济南市山大南路 20 号
邮政编码 250100
发行热线 (0531)88363008
经　　销 新华书店
印　　刷 山东新华印务有限责任公司
规　　格 720 毫米×1000 毫米 1/16
　　　　 14.25 印张 240 千字
版　　次 2020 年 7 月第 1 版
印　　次 2020 年 7 月第 1 次印刷
定　　价 42.00 元

总序

锐意创新、开拓进取，这是新时代的主题，也是历史的最强音！

汉字学要锐意创新、开拓进取，那就必须破除禁锢人们思想的汉字观。"书者言之记"这一汉字观是有其历史局限性的。笔者曾在《汉字认知研究》一书中指出：汉字不仅仅是记录语言的书写符号系统，而且是认知的中介，还是民族文化的载体，并且认知性是汉字的第一属性。仅从这一汉字观出发，就应该从以下三个方面展开汉字研究。

第一个方面，从汉字和汉语的关系出发来研究汉字是如何记录语言的。这就不得不展开汉字和汉语的关系以及汉字记录汉语的方法这两个方面的研究，这是汉字学亟待关注的问题。

第二个方面，从汉字和认知实践的关系出发，把汉字看作认知的中介，看作处理主、客体之间关系的一种方式。既把汉字看作认知实践的产物，又把汉字看作认知实践的工具，从汉字和认知实践的关系角度入手，研究汉字是如何参与认知过程、表达认知结果的。只有从这一角度出发才能真正认识汉字和其他文字的本质区别，才能正确认识汉字的本质和本源及其形体发生发展的规律，这才是汉字学亟待开拓进取的研究领域，因为这是认知语言学不可回避的研究课题。

第三个方面，从汉字和民族文化的关系这一角度来研究汉字，建构汉字文化学，推进甲骨文等古汉字研究实现传统文化的创造性转化和创新性发展，从汉字教学角度来实现民族文化的传承问题，这是新时代增强民族文化自信和提升中华文化国际影响力的历史使命。

革新汉字观，锐意创新、开拓进取，开拓汉字学研究新领域，研究汉字学的新问题，这是新时代汉字学不可推卸的历史使命。

汉字教学要锐意创新、开拓进取，必须树立正确的汉字教学价值观，发挥汉字教学的应有之义，即价值。

其一，识字读书。汉字是记录汉语的书写符号，是书面语言的载体，所以要读书就必须识字，为读书而识字，这是汉字教学的价值之一。

其二，启迪智力。汉字是认知中介，是处理主、客体关系的方式，是认知实践的产物和工具。汉字中蕴含着由个别到一般、由感性到理性的思维过程，还蕴含着抽象认知内容具象化的手段，这是先民智慧的结晶。通过识字教学使受众尤其是儿童体验由个别到一般、由感性到理性的思维过程以及用具象化手段来表达抽象认知内容的方法，不能不说，这是启迪儿童智力的有效途径，是汉字教学无可替代的价值。

其三，传承民族文化。汉字是先民为记录认知事物和体验生活的内容而成字，从而形成了文化知识体系，同时汉字形体中也蕴含着先民对于自然、社会和人生的看法，即文化思想。通过识字来代代传承民族文化，这恐怕也是汉字教学的应有之义，更是新时代增强民族文化自信和中华文化国际影响力的历史要求。

毋庸置疑，无论是汉字学研究还是汉字教学研究，目前尚存在很多问题，只能通过锐意改革、开拓进取来解决。为此，烟台南山学院于2019年7月获批了“山东省社会科学普及教育基地”。笔者拟以该基地为平台，以出版“汉字文化及教学研究系列丛书”为契机，优先联合省内高校志同道合者组织团队，协同攻关，实现以下目标：

第一，革新汉字理论，建构汉字认知研究和汉字文化研究两个理论框架。

第二，创新识字法，即创新幼小衔接象形文字启蒙教育、儿童益智识字法和自主体验字理识字法三种先后相衔接的汉字教学方法。

创新汉字理论和汉字教学方法，是“汉字文化及教学研究系列丛书”的宗旨。

笔者不揣浅陋，谨以此与同仁共勉！

烟台南山学院　王玉新
2019年7月11日于烟台龙口

前言

中华文明源远流长。中国是当之无愧的文明古国，原因之一是中国有甲骨文。世界上四大文明古国，除了中国以外的古埃及、古巴比伦、古印度这三国的古文字早已失传，所幸的是只有中国的甲骨文还有着顽强的生命力，没有同其他文明古国的古文字一样湮灭于历史的长河中，因此中国成为世界上唯一保有系统的古代象形字的国家。

2017年10月，甲骨文成功入选“世界记忆名录”，从此以后，甲骨文不仅是中国的文化遗产，更是世界的宝贵财富。

自光绪二十六年（1900年）王懿荣发现甲骨文至今，已过百二十年有余。就算从刘鹗自光绪二十九年（1903年）辑第一部甲骨文著录《铁云藏龟》公开面世以来，也有百年历史了。但甲骨文研究热潮的到来，应该是在1928年殷墟发掘之后。虽历经如郭沫若、罗振玉、董作宾、王国维、于省吾、李孝定、陈梦家等数十位国际、国内甲骨学家的共同努力，共识别了2000个左右不重复的甲骨文字形，厚植了甲骨文研究的基础，但毋庸讳言，以往的甲骨文考据学和史学研究模式不适应甲骨文的普及教育和广泛传播。关于这一点，至少百年来，甲骨文依然躺在历史博物馆或专家的“象牙塔”中就是最有力的证明。

新时代文化强国建设的历史使命对甲骨文研究提出了时代新要求。2016年5月17日，习近平总书记在哲学社会科学工作座谈会上指出：“还有一些学科事关文化传承的问题，如甲骨文等古文字研究等，要重视这些学科，确保有人做、有传承。”2017年，习近平总书记在党的十九大报告中指出：“文化是一个国家、一个民族的灵魂。文化兴国运兴，文化强民族强。

没有高度的文化自信，没有文化的繁荣兴盛，就没有中华民族伟大复兴。要坚持中国特色社会主义文化发展道路，激发全民族文化创新创造活力，建设社会主义文化强国。”要实现中华民族伟大复兴，就必须以建设文化强国为前提。如何建设文化强国是摆在新时代面前的崇高而又艰巨的历史使命。为此，笔者拟把甲骨文从博物馆和专家的“象牙塔”中解放出来，实施甲骨文普及工程——普及甲骨文教育进校园、进课堂并传播到“一带一路”沿线国家以增强民族文化自信和中华文化国际影响力。我们认为要普及甲骨文教育和实现国际传播，很显然，就必须创新甲骨文研究新模式以促进甲骨文研究创新性发展和创造性转化。因此，笔者拟在前贤和世贤研究的基础上，在认知理论的关照下，把甲骨文的构形方式和字理文化研究引入认知实践过程之中，力求恢复原始的造字原理，旨在从回答“先民为什么要造字”和“先民如何造出甲骨文这种象形字”这两个问题出发来构建甲骨文认知研究理论框架，实践甲骨文研究的创新性发展和创造性转化以增强民族文化自信和中华文化国际影响力。

首先，创新甲骨文构形方式认知研究新模式。从甲骨文本源角度出发，把甲骨文研究引入认知实践过程中，从甲骨文构形方式（形体产生方法）与认知实践的关系出发，探索甲骨文的形体由来以及文化内涵。我们认为，甲骨文是先民在认知实践过程之中，用具象化的手段、取形于物而成字以记认所认知事物和体验生活的内容所创造。我们把取形于物以记认所认知事物和体验生活的内容而成字的方式称为“造字语言”。本书提出“造字语言”这一概念，旨在还原甲骨文原初的造字原理，与许慎在《说文解字》中所构建的以“先文后字说”为前提的静态结构分析模式相结合，通过建构甲骨文构形方式认知研究理论模式以破解甲骨文等汉字的造字逻辑，为进一步打造本源识字法、实现甲骨文普及教育和国际传播奠定前期理论基础。

其次，创新甲骨文之字理文化研究新模式。甲骨文之文化有两个方面：一是甲骨文所记录的文化，二是甲骨文字形中所蕴含的民族文化。这里所谓的“甲骨文字理文化”是指甲骨文字形中所蕴含的民族文化，这是民族文化之根。所以本书研究甲骨文之字理文化（限于篇幅，本书只关心甲骨文字理文化方法研究，关于汉字本体论部分另著述讲解）以构建“甲骨文+”字理文化教育模式，通过甲骨文字理文化普及教育和国际传播以增强民族文化自信和中华文化国际影响力。

我们认为，甲骨文中不仅蕴含着汉民族特有的思维逻辑，更蕴含着丰富的民族文化内涵，挖掘民族思维逻辑和文化内涵，实现甲骨文普及教育和国际传播，这对于弘扬民族文化以增强民族文化自信和中华文化国际影响力来说，无疑具有不可或缺的意义。

笔者不惮浅陋，谨以此书聊作抛砖引玉之砖！疏漏错讹之处在所难免，敬请方家教正。

王玉新

2020 年 6 月

目录

第一章　甲骨文研究的创新性发展

甲骨文研究必须与时俱进，新时代对甲骨文研究提出了创新性发展的新要求。甲骨文研究要创新性发展，那就必须从甲骨文的本源出发来探索甲骨文原始的造字原理及其文化系统。毋庸置疑，甲骨文同汉字和语言等符号系统一样，都是认知实践的产物和工具，必须把甲骨文研究引入认知实践之中，从甲骨文形体由来和认知实践的关系出发，探索甲骨文的本源并从本源出发以还原甲骨文原始的造字原理，解读甲骨文形体之中所蕴含的文化系统，从而构建甲骨文构形法研究和文化学研究新理论范式。

第一节　甲骨文的本源及造字语言研究

以往甲骨文研究的瓶颈在于忽略了本源研究。如果忽视了甲骨文的本源研究，甲骨文形体就成了无源之水、无本之木，就无法科学地破解甲骨文的形体由来。甲骨文是先民在实践活动中所造，即为满足认知实践的需要所造，所以，甲骨文必然本源于认知实践，是认知实践的产物和工具。只有从甲骨文形体由来与认知实践的关系出发，才能找到甲骨文的本源；也只有从甲骨文的本源出发，才能构建科学的甲骨文构形学以破解先民创造甲骨文形体的方式。

一、甲骨文的本源

（一）从逻辑角度看甲骨文的本源：甲骨文是认知范畴化的产物和工具

1.甲骨文的本源

要想深化甲骨文的构形方式研究，就必须从甲骨文的本源出发。这里所谓的“甲骨文的构形方式”，指的是甲骨文形体生成方法；所谓的甲骨文的本源，指的是甲骨文形体产生的根源，即甲骨文形体的由来。如果从本源角度探讨甲骨文构形方式，那就必须依次回答下面几个问题：

第一个问题：先民为什么非要创造汉字这种符号呢？该问题所触及的是汉字的本源问题。毋庸置疑，汉字本源于认知实践，汉字是认知实践的产物和工具，首先是为了适应认知需要并遵循特定的符号规律所创造并不断发展而来的。人类从一开始面临两大实践：一是认知世界的实践，二是改造世界的实践。认知实践是改造世界的前提。人类认知世界是从个体开始的，一个人从呱呱落地，就开始了认识世界的实践，无论是语言或是文字都是为了认识实践的需要才被创造出来。这是汉字或语言研究应秉持的根本立足点。

第二个问题：具备什么条件才能造出汉字呢？任何事物的产生都会有特定的条件，汉字也不例外，那创造汉字又需要什么条件呢？该问题所指的是，人类认知能力进化到什么程度才具备创造汉字这种符号的条件而且非造不可呢？这关乎着汉字产生的逻辑前提问题。

第三个问题：先民是如何创造甲骨文这种象形文字的？该问题涉及甲骨文产生的认知论根源以及构形方式问题。

提出上述问题，旨在从符号和认知的关系出发，探索先民是如何遵循特定的认知规律创造出甲骨文，从而彻底解密甲骨文，并进而溯本清源，为解密现代汉字奠定理论基础。

上述第一个问题所涉及的是汉字这种符号产生的缘起,即汉字产生的逻辑前提问题。任何事物都是过程的集合体,都会有一个发生发展的过程,其性质和构造规律就蕴含于该事物的发生发展的过程之中,汉字也不会例外。笔者曾在拙作《汉字部首认知研究》中认为,无论是汉语抑或是汉字,都是主客体相互联系的中介,是认知客体向人脑内化和有序化的工具。具体说来,汉字作为一种符号,首先是认知客体向人脑内化的替代形式——汉字作为认知中介,是为认知客体向人脑的内化所提供的物质形式,汉字这种符号的产生使认知客体借助于符号的替代以内化于人脑成为可能。其次,反过来看,人脑又会以汉字作为有序化的工具,使内化于人脑的零乱的东西有序化(范畴化)形成知识体系。所以,汉字是认知客体向人脑内化和有序化的手段。上述汉字与认知实践的关系可以模式化为:认知主体——汉字——认知客体。[①]

解读上述认知中介模型,首先就应直面这样一个问题,那就是人类思维进化到哪个环节才非造汉字这种符号不可呢?才有造字必要呢?当人们在实践中认知事物的时候,是不能把感知到的内容直接装进大脑之中的,那么人又是如何认识事物的呢?这就要依靠汉字(或汉语等其他符号)的帮助了。虽然人不能把认知到的事物直接装进大脑,但是却可以通过感官去感知外在事物,然后把感知到的东西转化为另外一种替代形式存储于人脑中进行加工从而形成知识,这种替代事物内化于人脑的形式就是符号。汉字作为一种符号,就是认知客体向人脑内化的一种替代形式,因为符号是能“代替某物的某物”。因此只有借助符号,才能选择与所认知事物不同的另一种物质形式并诉诸某种感官,扬弃所认知的事物的质和量,选择符号形式代替所认知的事物以实现认知内容向人脑的内化,

① 参见王玉新:《汉字部首认知研究》,山东大学出版社2009年版,第3页。

畴化过程就是符号产生的过程，我们称之为“符号化”过程，符号化过程的关键环节就在于用与认知对象不同的物质形式创造符号以记认认知范畴的方法。符号选择特定形式的目的是诉诸某种感官以便于感知和交流，因为所诉诸的感官不同，符号采用的物质形式则不同——语言是通过诉诸听觉器官以实现感知和交流，所以语言就选择语音作为物质形式以诉诸听觉，语言就是听觉符号。汉字则不同，汉字同时选择两种感官，既诉诸视觉器官用线条造汉字这一视觉形式，同时也诉诸听觉器官给予特定音节以便于语言交流，所以汉字有两个能指一个所指，如图 1-1 所示：

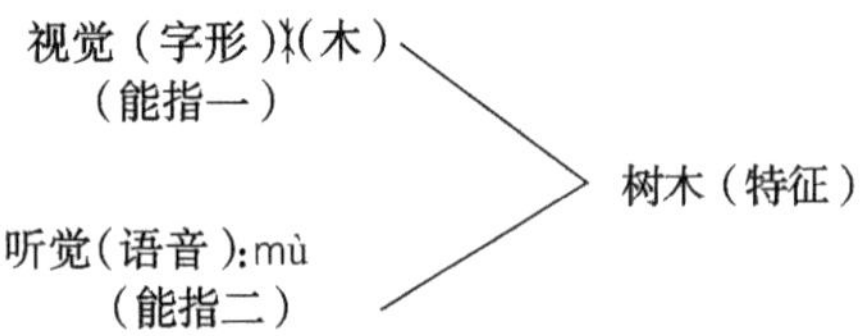

图 1-1　树木

如上图所示，汉字是形音义的结合体，有两个能指：一个是字形，用线条作为物质形式，诉诸视觉；另一个是字音，以语音（音节）为物质形式，诉诸听觉。两个能指共有树木（表象）这一个所指。汉字的特殊性就在于，既能诉诸听觉也能诉诸视觉，既便于人脑存储，也方便语言交流。需要强调的是，在这里作为所指的“树木”不是事物本身，而是树木共性留在人脑的映象，是经过人脑加工过的东西，其实是理性认知的成果，是属于意识的东西。如果所指是事物本身的话，那么当树木不在场的时候其所指则为空，这个符号就成了无所指的空壳，就无法理解了。现实的情况是，不管面前此时此刻有没有树木，因为脑中有关于树木特征的表象，就仍然可以借助表象来理解“树木”的“木”这个字（或词语）的所指，因为这时符号在人脑中会呈现出这样一种结构：

$$\left.\begin{matrix}E\\C\end{matrix}\right\}R$$

其中，E即能指，是符号的物质形式。就汉字而言共有两个能指，一个是字形，另一个是字音。R是能指和所指之间的心理连接，常称之为“意指”。需要进一步强调的是，所指C不是认知对象本身，而是人们关于认知事物的“表象”(亦即西方认知心理学所说的“心象”)。表象是事物不在面前时人们在头脑中再现的关于事物的印象。在心理学中，表象是指过去感知过的事物形象在头脑中再现的过程和结果。只有把所指看作表象，才可以理解符号的替代性，也才能理解为什么语言文字这些符号是超时空的。为什么说C是表象而不是实物呢？如果将其看作实物的话，这里就会碰到如下问题：如果硬要把C看作实物，那么这个实物是如何向人脑内化形成意识的呢？实际上人脑存储的是“ERC”这种符号结构。其中C则是关于事物的表象，R则是由E到C的心理连接，也就是人们常说的理据。E则是诉诸某种感官的符号能指，是符号的形式，如汉语的“音节”、汉字的“形体”等。需要强调的是，只有把C看作表象，才能正确理解符号替代事物完成向人脑的内化作用，也才能理解符号即便在所表达的事物不在场时也不会妨碍交流的原因，那是因为语言也好，汉字也罢，这些符号都是借助头脑中的表象实现表达，而接受者也是凭借表象来理解的。由此可见，表象既是符号产生的认知前提，同时也是符号理解的心理基础。例如当天气预报说：未来几天将有大雪。对于从来没有见过雪的南方人来说，由于其脑子里没有关于“大雪”的表象，所以没法理解；对于经常见到雪的北方人来说，一听到“大雪”，脑子里就显现出关于大雪的表象，自然就不存在理解的困难。事实上，人们在认知过程中，是借助表象作用创造符号从而实现对外在事物的认知的。表象既是符号产生(符号化)的认知中介，也是符号理解的感性基础。以此推论，符号化过程就是借助表象创造符号以形成认知范畴来实现向理性认知发展的过程，可以模式化为以下过程（见图 1-2）[①]：

主体（推理、判断概念）←—— 范畴 ←—— 符号 ←—— 表象（知觉、感觉）←—— 客体

图 1-2　符号化

为了深入认识符号化过程，我们拟分三个阶段分析如下：

第一个阶段：表象操作阶段。

人作为认知主体，首先是通过感官来感知外在事物。我们把通过五官来感知外在世界的阶段称为“感知阶段”。感知阶段的任务是用感官感知外在的世界，并在感知过程中形成表象。人共有五种感官：眼、耳、鼻、舌、身。不管是用哪一种感官感知事物，都是以具象的形式来呈现的，这就是我们所说的“表象”（西方认知心理学称之为“心象”），所以因感觉器官的不同就有了“视觉表象”“听觉表象”“触觉表象”等不同的名称。人脑既可以通过表象再现对事物的认识，也可以通过对表象的加工形成新的认知，西方认知心理学中的“三维旋转”[②]实验就说明了人脑对表象具有三维加工能力。“表象”这个词，在这里有两个词性：

其一是动词，指人对感知过的事物在右脑中呈现为特定映象的过程，而这个过程是一个心理操作过程。这个心理操作过程有两种类型：一类是再现表象，即感知过的事物在人脑中形象再现过程。如说到太阳，脑海中会出现太阳的形象，这就是表象再现过程。另一类是再造表象，即表象不会仅仅停留在一个关于事物映象的再现阶段，而且人脑可以能动地对表象进行再加工，也可以说是能根据某些经验创造出一个新形象。这就是认知心理学中所说的图像加工过程。上述西方认知心理学中的“三维旋转”实验（人脑可以凭借想象对映象进行三维旋转），就清楚地表明人脑

① 参见王玉新：《汉字部首认知研究》，山东大学出版社 2009 年版，第 7 页。

② 参见[美]安德森：《现代认知心理学》，杨清译，吉林教育出版社 1989 年版，第 84 页。

具备借助表象进行立体加工的能力，这种加工的结果就可以创造出一种新表象。其实甲骨文就是先民在感知事物后通过表象的加工从而创造出来的象形符号，其认知条件就是以表象的形成和加工为心理前提的，这其实是在认知实践基础上的以表象作为形式的心理操作过程。这种心理操作过程，是右脑的主要功能之一。具体说来，右脑通过表象操作创造甲骨文的过程有三种情况：

第一种情况是，人脑可以对个体形象通过表象操作加工成新形体。如甲骨文中的“[粹一七二]”（大）是人脑加工的关于人正面站立的图形。如果把这一形象倒反，就造出了“[甲二八〇五]”（屰）字。再如把“[戬四一·六]”（人）字翻过来造出“[乙三七二九反①]（匕）”字，也可以倒反造出“[匕]”，如“[续存二二一五①]”（化）字中的“（匕）”。甲骨文中这种造字法，就是右脑表象操作的例证。

第二种情况是，人脑可以加工出一个抽象的形象从而创造甲骨文新形体。如甲骨文中“[甲三五一〇]”（木）字，是借助表象把在不同时空中见到的树木再现出来，通过类比方法抽象出了树木的“树枝”“树干”和“树根”这三方面的特征，然后用线条组合出“[甲三五一〇]”字将其形象地表现出来。这就是甲骨文这种象形字通过表象操作而成字的认知心理学原理。这个“”所呈现出来的，已经不是哪一棵或哪一种树的形象，而是所有树木特征的形象表现，它是抽象认知内容具象化的形式，是抽象思维和具象思维的统一体，具有“亦图亦符”的两重性——说它是“图”，是因为甲骨文有其具象化特征；说它是“符”，是因为甲骨文有其抽象性。在甲骨文系统中，凡是取某类事物共性特征所造出来的独体象形字都是这种表象操作的结果，但这种表象操作也只有认知发展到范畴化阶段之后才会发生，因为只有认知发展到范畴化阶段时，汉字尤其是甲骨文的产生才有了必要性，而且也只有在范畴化阶段才能扬弃事物的质和量，使甲骨文产生成为可能。范畴化是甲骨文产生的认知前提条件,甲骨文是认知范畴化的产物,也是认知范畴化的工具。之所以说甲骨文是认知范畴化的产物,即甲骨文只有在认知范畴化过程中才产生,是因为在民族早期,只有甲骨文这种象形字才有必要而且才具备被创造的认知条件;是因为甲骨文是抽象认知内容用具象化的手段表现出来的,适合人类早期的思维特征。也就是说,甲骨文是为了使认知的个别事物形成认知范畴才被用具象化的手段创造出来,是右脑的功能。

第三种情况是,人脑可以借助表象演绎出一个动态过程抑或“故事”从而创造出生动的甲骨文。如“[乙四五〇二]”(罗),描述张网罩住一只鸟之状。再如甲骨文的“渔”有这样两个字形:一个是“[后下二·三五·一]”,描述一个人手拿着网在捕鱼;第二个是“[甲一〇八五]”,描述一个人用手拿着钓竿在钓鱼。又如“[铁一七一·三]”(丞),描述一个人伸出两只手把掉进地堑中的另一个人拉上来。

上述甲骨文中的会意字,都是借助表象的操作演绎成故事时才会被造出来,也只能借助表象演绎成故事才能被理解。

其二,“表象”还有一个词性,即名词,指表象操作的结果。具体说来,作为名词的表象是指感知过的事物在人脑中再现的形象或者根据经验通过想象加工出的形象,即人脑用不同感官感知的内容所转化的表象,亦即视觉表象、听觉表象、嗅觉表象、味觉表象等不同的表象形式。

综上所述,表象(representation)是客观对象在场或不在场时,在脑海中所保持的客体形象在观念中复现或表现的具象化的过程和结果。虽然表象的存在使人脑对认知结果的存储和加工信息成为可能,但表象还只是一种意识的东西,还只是一个心理过程,还不能产生符号,还没有进入符号化阶段。即使这些表象可以用图画等其他形式表达出来,但是还不能直接产生语言文字等符号。因为表象是在知觉的基础上产生的,虽然知觉具有一定的概括性,但还处于感性阶段,不能概括事物本质特征,因而还不具备创造符号的条件。只有抽象认知发展到一定水平之后，亦即只有认知发展到范畴化阶段之时，才需要符号的介入，才需要为抽象认知过程提供物质形式，这才具备了创造汉字这种符号的认知条件，而且也才到了非造汉字这种符号不可的地步。

第二个阶段：范畴化阶段。

所谓的范畴，就是指在符号的固化下使所认知的离散的事物分门别类所形成的事物类型。需要强调的是，范畴只有在符号的作用下才能形成，如图 1-3[①] 所示：

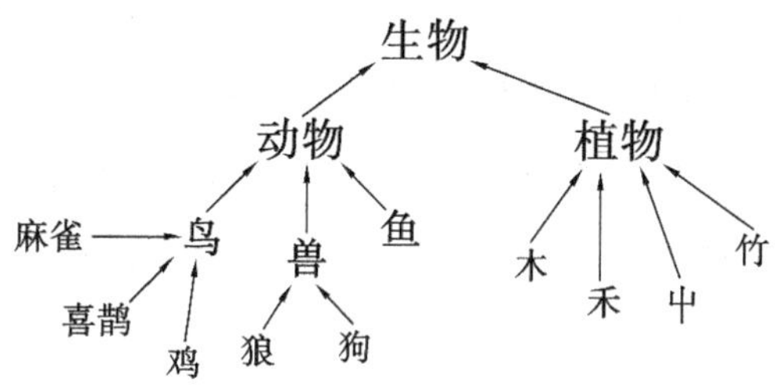

图 1-3　范畴网络形成过程

范畴网络形成过程图所描述的是一个由个别到一般的认知发展过程。这是一个在表象的作用下，通过创造符号来表现才能实现的过程——借助表象突破时空的限制，把具有某种联系的事物归结为某种事物类型之中。如根据有翅膀、会飞、尖嘴巴等特征把所有的具有该特征的动物归为一个类型时，就需要创造符号予以固化下来。事物类型是一个抽象的东西，必须创造符号予以替代，于是先民就抽象会飞的动物的特征造出甲骨文“[甲二九〇四]”（鸟）字以固化长尾巴、有翅膀、尖嘴巴等特征的动物类型并使之成为一个认知范畴。为什么叫“认知范畴”呢？如图1-2所示，因为这是只有用符号固化后才被认知的事物类型。同样的道

① 参见王玉新：《汉字部首认知研究》，山东大学出版社 2009 年版，第 17 页。

理，可以概括爬行动物的特征并造出甲骨文“[乙六二六九]”（兽）字来固化兽类这一事物类型。当然也可以把水中的某些动物归为鱼类动物并造出甲骨文“[佚八一二]”（鱼）字来固化水生动物类型。通过符号固化从而内化于人脑而形成的某类事物，就是我们所说的“认知范畴”，把因符号固化将事物分门别类形成一个个认知范畴的过程称为“认知范畴化”。认知范畴化是一个不断发展的过程，范畴只有在符号帮助下才能形成，而且还会借助符号作用不断发展形成认知体系，即还可以在已有的认知范畴的基础上，再概括事物之间的联系形成更高层次的范畴从而形成范畴网络。如可以根据“（鸟）”“（兽）”和“（鱼）”之间的联系概括形成动物范畴并与植物范畴相对应，然后再根据动物和植物的共性特征形成生物范畴。这样不断发展就会逐步形成范畴网络。范畴网络是概念形成的基础。所谓的概念就是以范畴网络为前提对事物之间的联系和区别的概括认识。例如什么是鸟？鸟、兽和鱼之间的联系是上位范畴“动物”，而区别在于鸟、兽和鱼的不同特点，即活动的方式不同：

鸟是有翅膀会飞的动物；

兽是在地上爬行的动物；

鱼是在水中的动物。

可见，“鸟”“兽”和“鱼”这三个概念，是借助范畴网络概括出其联系和区别才形成的。概念的形成标志着人类认识发展到理性认知阶段（概念是判断和推理的认知前提），所以范畴是由感性上升到理性认识的第一个阶段，也正是在这一阶段才具有了创造汉字的必要，也才具备了造字的认知前提。

综上所述，只有认知发展到范畴化阶段时，也才具备符号创造的认知条件，甲骨文才会介入认知过程并被创造出来。所以，甲骨文是认知实践的产物和工具。

第三个阶段：符号化阶段。

如前所述，所谓的符号化，就是指抽象事物特征创造甲骨文这种符号而固化形成认知范畴的过程和方法。我们认为，语言文字这些符号是从范畴化阶段才开始介入认知过程从而成为思维的产物和工具的，也就是在这一过程中才具备了造字的认知前提而且也才有了造字的必要。我们把符号产生这一过程称为“符号化阶段”，即认知范畴即将形成之时，才有条件也才有必要选择能诉诸某种感官的另外一种物质形式来创造符号，从而使认知过程和结果内化于人脑形成特定的认知机制并同时也使同他人交流成为可能。要正确认识符号化过程，就必须先回答以下两个问题：

第一个问题，认知范畴化形成过程为什么非需要符号不可呢？

要回答这个问题，就必须先从认知实践出发来观察汉字作为符号是如何介入认知过程并实现由感性认识上升到理性认识的——甲骨文作为一种象形符号，是在认知范畴化过程介入并被创造出来的。我们以甲骨文“[甲三五一〇]”(木)的造字过程为例说明如下：

一个人今天在这里见到一棵杨树，明天又在别处见到柳树，人脑就会把感知到的内容转化为表象存储在大脑之中，这样慢慢见得多了，人脑中就会存储大量的关于树木的表象，但这时还处于感性认识阶段，因为人们借助表象所直接了解的还是关于树木的个性特征。例如当我们回忆所认识到的树木时，能想到不同树木的样子而不混淆，这就说明通过表象所存储的对树木的认识还存在于对具体事物的个性特征的认识阶段。那么，认识是如何由感性上升到理性的呢？其关键就在于认知在表象的作用下形成认知范畴这一环节。当人们感知到的植物越来越多时，人脑就会在表象的作用下对这些植物进行比较，当发现了树木与其他植物的联系和区别的时候，才会产生概括各类植物特征的意识。例如为了与其他植物相区别，借助表象来比对多种树木时，树木的个性特征之间的矛盾凸显了出来，最终导致树木个性特征之间相互否定，于是树木的共性特征显现了出来——主干、枝叶和树根。树木的这些特征是抽象的，这时候，就需要用一个什么东西把树木的特征固化下来并诉诸某种感官内化于人脑。这种“东西”就是符号,符号是使认知结果固化并诉诸感官以内化于人脑且使得与他人交流成为可能的一种形式。

第二个问题,为什么非需要甲骨文这种符号不可呢?

对于这个问题,笔者认为有以下两个理由:

其一,只有借助汉字这种符号的替代作用才能使认知内容内化于人脑成为可能。因为符号是能替代“某物”的“某物”。第一个“某物”是符号形式,第二个“某物”就是符号所替代的认知内容。所以只有借助符号的这种替代作用,才能适应某种感官来刺激大脑,使认知到的东西内化于人脑之中并使交流成为可能。认知过程之所以需要符号介入,是因为虽然人认知了树木特征,但却无法直接把树木特征装进人脑,因为树木的共性特征是抽象的,无法被感官所感知,所以先民就诉诸视觉用线条来表现树木之干、枝、叶这些共性特征,造“(木)”将其固化下来并内化于人脑以实现对树木特征的认知。没有符号的参与就无法诉诸某种感官,也就无法把认知过程和结果内化于大脑之中。只有借助符号才能诉诸某种感官以满足同他人交流的需要,即只有适应某种感官的物质形式,才能被他人感官感知以实现交流的目的。从这个意义上来说,符号只不过是人创造的一种借助感官以刺激大脑并利于同他人交流的物质形式而已。

人共有五种感官:眼、耳、鼻、舌、身。眼,是视觉器官;耳,是听觉器官;鼻,是嗅觉器官;舌,是味觉器官;身,是触觉器官。创造符号时,有一个感官的选择问题,哪种感官方便创造符号易于交流,就诉诸哪种感官来创造符号。人们所创造的符号,从感官功能的角度看,可以分为以下几类:一是听觉符号,如语言;二是视觉符号,如汉字等文字和手势语等;三是触觉符号,如盲文等。汉民族的先民诉诸视觉器官创造了甲骨文这种视觉符号,同时又诉诸听觉器官赋予特定的语音形式使之成为听觉符号,借助两种感官既利于书面传播,又利于声音传播,这就是汉字的优越性之所在。

其二，创造汉字这种符号是为了扬弃具体事物的质和量以实现认知内容向人脑的内化。在范畴化过程中，要扬弃具体事物的质和量[①]，那就无法用具体事物来表达，必须诉诸某种感官选择特定的物质形式创造汉字或其他符号来表达。这是因为如果直接采用具体事物作为符号形式就势必会受到具体事物质和量的限制。例如人们认知到多种会飞的动物并借助表象来进行类比时，就会发现鸟类具有翅膀、羽毛、尖嘴巴等特征，这就遇到怎样来表达鸟类动物这些共性特征的问题。如果采用任何一种具体的会飞的动物来代替，如“麻雀”或“燕子”都不行，因为其无法扬弃具体事物质和量的限制和干扰。这明明就只是“麻雀”或“燕子”，无法代替所有会飞的动物。有翅膀、有羽毛、会飞等，这些只是人们所概括的所有该类动物的共性特征，不是一个具体的事物，所以必须另外造出一种与之质和量都不同的符号，才能扬弃任何一种鸟的个性特征以创造符号形式来表现鸟类动物。也就是说，认知范畴化过程必须有一个物质外壳来表达抽象的认知内容以实现向人脑的内化和满足同他人交流的需要。只有符号才能扬弃具体事物的质和量，只有符号才能替代事物内化于人脑形成知识，也只有符号才可以任意约定所指以利于认知和交流。于是乎，甲骨文这种象形符号就应运而生了。如先民造出“[甲二九〇四]”“[子作弄鸟]”和“[佚五一八背]”等甲骨文字来形象地呈现有翅膀、有羽毛、会飞、尖嘴巴等特征以固化形成飞禽类这一动物范畴。

综上所述，甲骨文作为一种视觉符号，就是为了扬弃个别事物的个性特征和具体事物的质和量并用具象化的图形来表达认知范畴所造，是认知范畴化的产物和工具。

2. 甲骨文是象形字的原因

甲骨文之所以是象形字的原因：甲骨文是抽象认知内容具象化的手段。

---

① 参见王玉新：《汉字部首认知研究》，山东大学出版社 2009 年版，第 13 页。

先民为什么造甲骨文这种象形字呢？这个问题所涉及的是甲骨文形体的由来。从认知论的角度看，甲骨文是抽象认知内容具象化的形式和手段。[①] 当人类的认知发展到了需要形成范畴的时候，就不得不去创造符号以提高思维水平。认知范畴化既为符号的产生创造了认知的前提和条件，同时符号的产生又为由感性上升到理性认识的人类认识的第一次飞跃提供了工具。甲骨文也不会例外，甲骨文就是在认知范畴化过程中，为表征认知范畴采用的具象化的手段罢了。那么，甲骨文为什么会采用具象化的手段呢？在此拟借用笔者《汉字认知研究》[②]一书提出的“取形法”来说明甲骨文形象性的形体由来。

所谓的取形法就是提取某类事物之形而成字的方法。甲骨文的取形法是有规律可循的，可以把甲骨文取形法分为“表形法”“借形法”和“标记法”[③]三种基本类型。

（1）表形法

所谓的表形法是指直接提取某类事物之形体特征而成字的方法，其思路是：提取事物特征——甲骨文。如：

“[甲三五一〇]”（木）——抽象树木之树枝、树干和树根这三个特征而成字。

“[戬四一·六]”（人）——描画人侧面站立之形体特征而成字。

“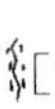[前二·四·三]”（水）——描述河水流动的状态而成字。

“[粹六五九]”（月）——描画月亮轮廓而成字。

“[乙三三二八一]”（牛）——提取牛犄角和尾巴之形而成字。

甲骨文字根作为甲骨文的基础构成形式，除了“[佚三七四]”（日）和

① 参见陈兆军、王玉新：《论汉字构形方式中抽象认知内容具象化的手段》，《中国书法》2018年第8期。

② 参见王玉新：《汉字认知研究》，山东大学出版社2000年版。

③ 参见王玉新：《汉字部首认知研究》，山东大学出版社2009年版，第47～54页。

“[粹六五九]”(月)描画个别事物轮廓而成字之外，基本上都是抽象事物共性特征所造，只不过其抽象事物特征的方法有所不同(后文会有专论，此处不赘述)。可见，用表形法所造之甲骨文都是直接取形于物所造，字形与所取形之事物形体之间具有同构性，所以必然是具象的。

(2)借形法

所谓的借形法是指，有些事物是无形可取的或者是形体复杂没法取形，于是就借用一个相关的事物之形来代替该事物，这种取形法就是这里所谓的借形法。如：

(夕)——如果需要造个字来表示傍晚，可是傍晚却又无形可取，于是就取傍晚时才出现的夕月之形来借指傍晚，故甲骨文借用夕月之形造“[铁一六·一]”(夕)以记认傍晚。由于“(夕)”是借用月亮之形所造，容易与月亮之“月”混淆，于是后世为了使其同月亮之月相区别，以小篆作“”，隶变之后楷书作“夕”。自此“月”和“夕”两字有了区别，即“夕”字专门表示傍晚或夜晚，而“月”字则表示月亮。

(止)——行走是人的运动状态，没法直接取形，行走必用脚趾，于是借用脚趾之形来代替行走，故甲骨文造“[乙一二〇六]”(止)来表示行走。甲骨文中凡从“(止)”之字皆表示行走之意。如“(之)”，从一、从止。一，地也；止，脚趾借指行走之意。隶变之后作“之”。

井——甲骨文作“[京津二〇〇四]”或“[甲三〇八①]”。由于水井或矿井凹于地面之下难以取形，于是取井之护栏以借指水井或矿井。

上述借形法是借取相关之物来造字的方法，称为“借物法”。另外还有一种借形法，是变化因表形法所造之字之形体从而形成另外一个新字来表示另外一种意义的方法，称为“借字法”，如借“[粹一七二]”(大)倒之而成“[甲二八〇五]”(屰)、借“[戬四一·六]”(人)反之而成“[乙三七二九反①]”(匕)等(关于“借字法”第二章有专论，此处不赘述)。

借形造字法也是取形于物而成字，从而赋予事物以具体可感的形象，与表形法一样，所造甲骨文必然也是象形的。

(3)标记法

甲骨文在运用标记法时，常在一个象形字的基础上加标记而成字。如：

亦——甲骨文作“[菁六·一]”(亦)，中间是个大字，象一个人正面站立而张开两臂之形，然后在两臂腋窝处加“丿乀”以标记两腋。

血——甲骨文作“[前四·三三·二①]”(血)，是在“[(前五·三·七]”(皿)中加一点“”表示血。

丹——甲骨文作“[京津三六四九]”(丹)，从“”从“”。，象矿井之井栏之形，代替矿井，在“”中加“”表示矿物，后专门表示丹砂，俗称“朱砂”。

用标记法所造之字，有些是在象形字的基础上添加标记而成字，自然具有象形特点。如甲骨文“[甲三六九〇]”(天)，或作“[乙三〇〇八①]”(天)，把“一”置于象形字“”字之上标记人之首。虽标记“一”并不形象，但参照象形字再借助这个标记也能意识到人之首并产生所关于人之首的表象，所以仍然有形象感。另，尽管有的指事字用纯抽象的符号所造，但可借助表象来意识到所标记的内容，所以也是具体可感的。例如“三”，上画指天，下画指地，中间短横指气，能清楚地意识到天、地和气的存在并产生特定的表象，有形体可感，所以也是象形字。

综上所述，甲骨文字根采用“表形法”“借形法”和“标记法”等方法，利用具象化的手段取形于物并转化为具象化的字形，这就是甲骨文字根之所以是象形字的认知论依据。根据取形对象的不同，大致可以把甲骨文

字根分为如下九类(见图 1-4)[①]:

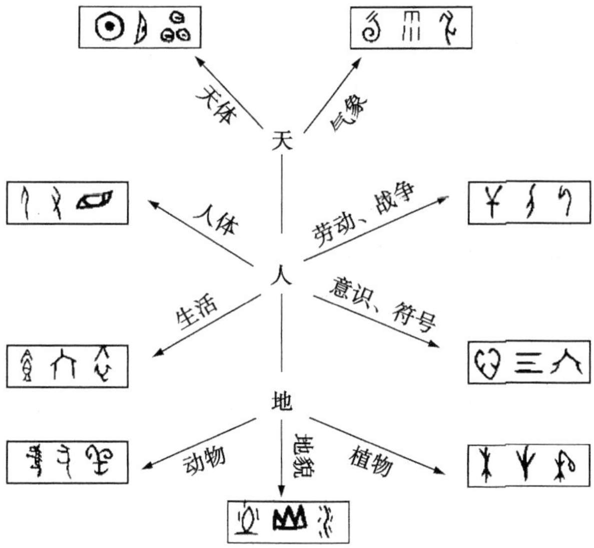

图 1-4　甲骨文字根

以上九类字根是以天、地、人三才为核心展开的九大类,都是取形于物而成字的,都是象形字。因为甲骨文字根作为合体字基础形式构成大量的合体字,所以用具有象形特征的字根所构造的合体字必然也会具有象形性特征。如"𠇷[前五・二六・三]"(休),形象地描述人背靠大树休息之状。这就是甲骨文之所以是象形字的原因。

(二)从历史角度看甲骨文的起源

1. 从造字传说看汉字的起源问题

关于汉字起源有"伏羲造字说"和"仓颉造字说"两个传说。

(1)伏羲造字说

孔颖达《尚书・序》曰:"古者伏羲氏之王天下也,始画八卦、造书契,

---

① 参见王玉新:《"甲骨文+"字理识字教学研究》,山东大学出版社 2019 年版,第 2 页。

以代结绳之政，由是文籍生焉。”据“始画八卦、造书契”之说可知，“造书契”与“画八卦”是有内在联系的，画八卦之法与造字法是相通的。“古者庖牺氏之王天下也，仰则观象于天，俯则观法于地，观鸟兽之文与地之宜，近取诸身，远取诸物；于是始作易八卦，以垂宪象。”[①]由此可知，画八卦抑或是造字之法乃取天、地、人三才之诸多事物形体所造。伏羲造字之说旨在说明取事物之形而成字之法，这是其一。其二，伏羲造字说也说明了造字的出发点。据“始画八卦、造书契，以代结绳之政，由是文籍生焉”之说可知，造字是为了“以代结绳之政”。《易传·系辞下》认为：“上古结绳而治，后世圣人易之以书契。百官以治，万民以察。”可见，造字之初并非为了记录汉语，这是考察汉字的起源和本质时应秉持的认知论立场。

伏羲造字说的启发意义有如下三点：

其一，伏羲造字说旨在说明汉字的本源，即认知实践。汉字是在观察事物的基础上创造的，即“仰则观象于天，俯则观法于地，观鸟兽之文与地之宜，近取诸身，远取诸物”，从而取形于物所造。那为什么要观察事物呢？肯定是为了认知事物的需要。认知事物是人类实践活动之一。人类面临两大实践：一是认知世界的实践，二是改造世界的实践。要改造世界必先认知世界，认知世界是人类首先要从事的实践活动。汉字则是为认知实践的需要所造，是认知实践的产物或工具，汉字尤其是甲骨文就是先民在认知实践过程中为了固化所认知事物和体验生活的内容所造，所以造字过程是个认知实践过程，其实践范围包括天、地和人三大方面。

其二，伏羲造字说清楚地说明了汉字形体的由来，即通过“近取诸身，远取诸物”从而取形于物而成字。可见字形和事物形体之间存在着特定的联系，这就启发我们可以根据字形和事物形体之间的联系来探讨甲骨文形体的由来，即取形于物而成字的方法。

① （汉）许慎：《说文解字》，中华书局1963年版，第1页。

其三，启发我们重新认识汉字和汉语的关系。根据“画八卦、造书契，以代结绳之政，由是文籍生焉”之说，可知造字之初并非为了记录汉语。由此可见，汉字是相对独立的符号系统，不能仅仅把汉字看作记录汉语的书写符号从而把汉字置于汉语的附属地位。从这个意义上来说，重新审视汉字和汉语的关系以及汉字的本质是很有必要的。

(2)仓颉造字说

《万姓统谱・卷五十二》记载：“上古仓颉，南乐吴村人，生而齐圣，有四目，观鸟迹虫文始制文字以代结绳之政，乃轩辕黄帝之史官也。”《明一统志・人物上古》亦记载：“仓颉，南乐吴村人，生而齐圣，有四目，观鸟迹虫文始制文字以代结绳之政，乃轩辕黄帝之史官也。”另，许慎《说文・序》指出：“黄帝之史官仓颉见鸟兽蹄远之迹，知分理之可相别异也，初造书契。”又曰：“仓颉之初作书，盖依类象形，故谓之文。其后形声相益，即谓之字。文者，物象之本；字者，言孳乳而浸多也。”

仓颉造字说阐明了以下三个基本的造字原理：

第一个原理：符号原理。

所谓的符号，就是能代替某物的某物。第一个“某物”是指被代替的事物，第二个“某物”是指能代替事物的符号。那么符号又是怎么造出来的呢？要创造符号，首先遇到的问题就是如何才能找到替代某物的“某物”，据“仓颉见鸟兽蹄远之迹，知分理之可相别异也，初造书契”之说可知，仓颉是用“鸟兽蹄远之迹”来代替鸟兽来造字的。这是仓颉造字说中最重要的一点，清楚地道出了符号意识的产生过程，所以仓颉才会采用与鸟兽有关的“鸟兽蹄远之迹”来造汉字。这种符号规律说明，要造出一个符号，首先是要找一个替代物，这就是“见鸟兽蹄远之迹”之后，再取鸟兽“之迹”来代替与之相联系的鸟兽而造字的道理，即取相关的另外事物之形而造字的原理。汉字就是为替代“某物”而取另外事物的物质形式所造，至于如何取某物之形而造字，那就是取形法问题了。

第二个原理：依类象形。

据许慎《说文》“盖依类象形，故谓之文”之说可知，汉字不是见一个事物就造一个字，而是认知范畴化的结果，即在认知范畴化过程中，在扬弃事物的个性特征之后从而抽象某类事物之形而成字。这就是汉字和图画等的根本区别之所在。我们所说的取形法就是“依类象形”的方法。如植物范畴中的“[甲三五一〇]”（木）、“[佚八四]”（屮）、“[乙四八六七①]”（禾）就是把植物类事物分为草、木、禾三种植物种类，然后取每类事物特征而成字，这就是所谓的“依类象形”。汉字中的独体字除了太阳和月亮是取单独的事物之形而造“[佚三七四]”（日）和“[粹六五九]”（月）以外，其他的都是“依类象形”的结果，即取某类事物的共性特征而成字。

第三个原理：先文后字。①

仓颉造字说还说明了汉字的历史规律，即先造“文”再造“字”——“仓颉之初作书，盖依类象形，故谓之文。其后形声相益，即谓之字。文者，物象之本；字者，言孳乳而浸多也。”我们把许慎上述观点概括为“先文后字说”。据“先文后字说”可知，汉字不是在一个平面上造出来的，而是先造“文”，再用“文”去造“字”。何为“文”呢？文，乃独体字。何为字？字是由“宀”和“子”两个偏旁构成的合体字。字，本义是生孩子，引申为孳乳，辗转演变成“文字”之“字”。“先文后字”意思是汉字是分两个阶段造出来的，即先造作为独体字的“文”，再用有限的独体字“文”作为偏旁去合成大量的合体字：独体字——偏旁化——合体字。

虽然合体字数量巨大，可是用以造字的偏旁却是有限的；虽然合体字是新造的，可是造字的偏旁却是已知的。运用有限的偏旁去合成大量的合体字，利用已知的偏旁去认知新造的合体字，能收到举一反三之功效，这是先民智慧的体现。许慎“先文后字说”有两层启发意义：

① 参见王玉新、陈兆军：《许慎“先文后字”说与汉字识字》，《学语文》2018年第6期。

其一，我们可以按照先文后字的逻辑关系去探讨汉字的发生和发展规律。

其二，按照先文后字的逻辑顺序来考虑识字策略，会收到事半功倍之效。遵循"先文后字"的逻辑规律，即先学作为"文"的独体字，然后再学习合体字，这是举一反三、事半功倍的识字教学途径和策略。

2. 从历史角度看汉字的起源问题

对于汉字的历史，若从传说中的仓颉造字算起，则有 4500 年的历史。但笔者根据岩画和甲骨文的联系来推算，汉字大约产生在 3000～10000 年之前。例如在贺兰山东麓发现的数以万计的古代岩画，它记录了远古人类在 3000～10000 年前放牧、狩猎、祭祀、争战、娱舞、交媾等生活场景，以及羊、牛、马、驼、虎、豹等多种动物图案和抽象符号。笔者拟从岩画和甲骨文的历史比较中来探讨汉字的起源问题。

(1)岩画是字还是画

中国境内的岩画很多，最集中的当属宁夏、内蒙古等地区的贺兰山、曼德拉山、桌子山、大麦地的岩画。

宁夏作家、评论家高嵩研究岩画多年，他认为，贺兰山岩画是为敬祖和记事而创造的文字形式，不仅能表意，还表音。高嵩、高原在其《岩画中的文字和文字中的历史》[①]一书中，公布了自己的研究结果：在贺兰山岩画象形文字中，把握语音的主脉，找到了夏朝 18 位帝后之名以及多个应用文字，解读了近 300 个文字的字音、字形、字义。高嵩认为，在史学上，夏是不被承认的朝代，是因为学者拿不出该朝代的文字，因此夏被严谨的实证主义学者称为"传说中的朝代"。如果岩画是字或者其中有字这一结论成立，那就意味着夏和夏文化存在的真实性，也就意味着找回了殷商之前的近 4000 年的历史。有专家考证认为，大麦地岩画中的图画文字可能

① 参见高嵩、高原：《岩画中的文字和文字中的历史》，宁夏人民出版社出版 2007 年版。

是中国最古老的文字。大麦地岩画中有象形、会意符号，可以表达一个较完整的意思，可以看作是远古时期的文字符号。[①] 这一研究成果意味着人类文字的历史可能将上溯到 10000 年前甚至更早，因为根据科学院的技术鉴定，贺兰山岩画最早产生于 10000 年之前。从造字的起因来看，汉字是认知范畴化的产物和工具，只要证明岩画具有范畴化特征，那就证明岩画具有文字的特性。2005 年，北方民族大学成立图画文字研究小组，对宁夏大麦地岩画进行了仔细统计，发现这些岩画共有 3172 组，共 8453 个图形，其内容有日月星辰、天地神灵、狩猎、放牧、舞蹈、祭祀等活动场面。研究人员对其中带有词语性质的图符，以及似文似图的符号进行比较研究发现，岩画的图符与汉字中的象形字体相似，已具备早期文字的特性，并由此推测它是原始文字。[②] 李祥石、周兴华等本土学者则在贺兰山西边余脉的大麦地岩画研究中提出，大麦地岩画是中国最古老的文字，比甲骨文要早得多。[③] 当然对于岩画的属性，也有不同的意见。如盖山林认为岩画不是汉字的基础；新疆艺术学院教授史晓明也认为文字是规范的，是要传播的，贺兰山岩画缺乏文字的这个基础，至少它是前文字阶段的，它可能代表着某种寓意，但它没法传播、流传。[④] 然而，近年来，不断有专家提出岩画里有文字、有图画文字之说。众所纷纭的说法说明，对岩画的性质的认识仍是个有待于深入探讨的话题。

岩画研究意义重大，我们的想法是，如果证明岩画是字，或者说有的是字，那么中国文字的起源至少可以上溯到 10000 年之前甚至更早，也许从岩画和甲骨文的历史比较中能推断出甲骨文产生的大致年代。

---

① 参见黄懿陆：《中华民族起源》，云南人民出版社 2017 年版，第 268 页。

② 参见李祥石：《岩画与文字》，宁夏人民出版社 2017 年版，第 248 页。

③ 参见李祥石：《岩画与文字》，宁夏人民出版社 2017 年版，第 249～250 页；周兴华：《解读岩画与文明探源：聚焦大麦地》，宁夏人民出版社 2008 年版，第 103～122 页。

④ 参见王僴阎：《古物寻真》，学林出版社 2017 年版，第 188 页。

那么，岩画是字还是画，那就要看岩画是否具有如下作为文字的符号学因素。

①复呈性

文字是社会集体意识的产物，是由社会约定俗成的，既然是约定俗成的，那么就应该有固定的形体。显然，这就存在这样一个问题，那就是如何判断岩画是否具有固定的形体呢？我们的依据是“复呈性”，即在不同的场合反复出现的广泛使用性，这是判断岩画是字的依据之一。如果一个岩画，在不同的场合中反复出现，这就证明其已经具有了固定的形体，就有了社会约定性特征，那就应该将其看作文字，不能简单地当作图画。因为图画是没有社会性的，其形体也不会具有复呈性。贺兰山和大麦地一些岩画，其构形大致相同且在不同地方的岩画中反复出现，具有明显的复呈性特征。如大麦地岩画中，有一个涉猎的场面，其中有关于人射箭和动物的图形，如“”“”这么两个表达人射箭的图形，两个图形虽方向相反，但其构形要素相同，都包括“站立之人”“弓”“矢”和“用手开弓”这四个要素。这就说明其形体已经基本定形，在不同场合下以同样的形体反复出现，该图形具有了复呈性，应是文字符号，已经具备符号的社会性特征。无独有偶，贺兰山岩石上也刻有“涉猎图”，其中人和动物的构形与大麦地的构形有着惊人的相似。如“”和“”这两个描述人射箭的图形，除了弓的形状有所区别（但也都是弯弓之形）之外，其他要素均大致相同，与大麦地的图形无论是构形要素还是构形方法也是基本相同的。上述图形与甲骨文的“［菁七·一］”（射）有异曲同工之处。另，有些描画动物的图形的构形与甲骨文的构形方式也极为相似。如大麦地岩画中的“”“”等以及贺兰山岩画中的“”“”等图形与甲骨文中“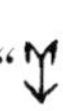［甲二九〇四］”（羊）和“［河三八七］”（羊）描画羊弯曲的犄角的构形方式是相通的，这种相通的构形方式说明上述岩画已经具备了文字的性质，带有明显的社会

约定特征。也就是说，其已经具有了文字的符号学特征，不能简单地以画论之。

②范畴化

汉语和汉字作为典型的符号都是在认知实践的过程中因范畴化这一抽象思维的需要而产生的，因此范畴化是文字作为符号的本质特征的表现，这就是字之所以为字的社会性认知特征。文字是认知发展到一定阶段的产物，据笔者的研究，甲骨文就是在理性认识发展到范畴化阶段时提取某类事物特征以记认该范畴而成字的。例如“[甲三五一〇]”（木）就是依据所见到的若干树木提取树木之树枝、树干和树根这些特征以记认树木这一范畴而成字的。再如“[前二·四·三]”（水）是描画河水流动的特征以记认水流这一范畴而成字的。我们认为不光甲骨文，语言也是在范畴化过程中产生的，都是范畴化的产物和工具。范畴化是语言、文字等符号产生的认知前提，语言文字是范畴化的产物和工具。语言、汉字这种符号，只有当认知发展到由感性向理性认识的飞跃过程中的范畴化阶段时，才具有产生的认知条件和必要性。所以，笔者认为看岩画是字还是画，那就要看这些图画是否具有表现某类事物的功能，即看其是否已经达到了范畴化的程度。

笔者认为有些岩画已经具有明显的范畴特征，理由如下：

贺兰山岩画具有明显的范畴化特征。贺兰山岩画分布在宁夏贺兰山东麓三市九县（区），共 27 个地点，发现了数以万计的古代岩画，是 3000～10000 年前的游牧民族刻画在岩石上的图形。岩画内容丰富，分类细致，内容大致上概括为“天（日月星辰）”“地（山水和动植物）”和“人（人形以及牧猎、战争、祭祀、舞蹈等劳动生活场景）”等范畴。岩画的内容已经达到了高度范畴化的程度，这些范畴清楚地表现出被认知的事物以及事物之间的联系。具有明显的范畴化特征也清楚地表明这已经不是个人的行为，而是抽象思维发展到一定阶段的产物，不仅具有一定的抽象性，而且也具有明显的社会性特征。宁夏大麦地以及其他地方的岩画也都有类似的范畴。如：

——人形图

人形图如“”“”等，这是从贺兰山的集体舞蹈图中取下的人形图。不难看出，这几个人形，其构形方法如出一辙，宽肩膀、细腰的体态特征都是一样的，这就说明其已经具有了一定的抽象程度，能形象地表现出人的共性特征。

——射箭图

大麦地的射箭图与贺兰山的射箭图有着明显的共同性。如大麦地的“”“”与贺兰山的“”“”等射箭图中包含的元素“弓”“矢”“人”和“拉弓射箭的姿势”等都基本相同。

——羊形图

贺兰山的羊形图“”“”和大麦地的羊形图“”“”形状虽略有区别，但弯弯的犄角、短尾巴等构形特点都清楚地表现了羊的特征。

——鹿形图

大麦地的鹿形图“”和贺兰山的鹿形图“”，除了犄角有所区别以外，其他特征基本相同。这与甲骨文中的“[乙三〇八]”或“[京津一四九一]”等具有同构性，如都突出短尾巴和树杈般犄角，明显具有文字的构形原理。

综上所述，不同地区岩画中的同构性特征，不仅体现出其社会性特征，而且这些图形已不是取某个事物之形，而是表现出某类事物的特征。这就说明这些岩画是范畴化的产物，已经具有明显抽象思维的特征，即符号特征。也就是说，岩画已经是符号，即文字。尽管我们不能说岩画全部都是文字，但那些已经具备了社会认知特征的岩画肯定是文字，而不是画。

(2)甲骨文与岩画

上述贺兰山和大麦地等地有些岩画与甲骨文中的某些字构形原理有着惊人的相似之处,而且也具有象形、会意等构造方法,而且还有表音功能,这都说明这些岩画具有文字的符号功能。虽然不能说甲骨文源于岩画,但可以说,这种岩画和甲骨文的同构性恰恰说明岩画时代已经具备文字产生的认知条件了。或许早于殷代甲骨文的上述岩画,所体现出来的高度范畴化的符号学原理,作为一种社会意识和能力,必然会世代相因,也必定会与甲骨文等符号有着某种内在的联系并相互产生特定的影响。华夏民族有着共同的渊源,文化自然也是相通的。贺兰山和大麦地等西夏民族的岩画必然会与源于中原的甲骨文字有着相通之处,最起码在符号学原理方面会有相通之处。如果这种说法成立,那么,我们通过岩画和甲骨文的历史比较,就能为破解甲骨文缘起问题找到一条有价值的途径。

甲骨文是殷商时代刻于龟甲兽骨上的卜辞,迄今为止已有两千多年的历史,可以说是比较成熟的文字系统。需要强调的是,甲骨文的成熟期必然是一个漫长的过程。在此,笔者姑且不论岩画是不是汉字的源头,拟先从以下几个方面对甲骨文和岩画作历史比较,虽然不能直接证明甲骨文是否源于岩画,但是起码可以印证岩画作为一种线条构成的图形与甲骨文形体在构造和构形方面具有同构性。由此可以作出这样的推断,即岩画时代先民已经具有范畴化这一认知能力,这是文字产生的认知前提。根据这一认知前提,可以认为岩画时期的先民已经具备造字的认知条件,也就可以断言,甲骨文应该与贺兰山和大麦地的岩画大致产生于同时代或相近的时代,即可以把文字的历史再上溯几千年,又或者岩画就是甲骨文的滥觞。

为探索甲骨文的缘起,我们仅从以下两个方面对甲骨文和岩画作以粗略比较:

第一,关于成因问题。范畴化是甲骨文产生的认知前提,甲骨文是范畴化的产物和工具，甲骨文的范畴化特征说明甲骨文具有抽象性，这是文字与图画的根本区别。甲骨文和有些岩画具有相同的构形特征，这说明岩画具有一定抽象性。岩画中除了前面已经提到的弓矢、羊和犬等图形与甲骨文构形和构造基本相同外，一些与人有关的岩画与甲骨文也有惊人的相似之处，如贺兰山岩画中“”和甲骨文中的“[前八·四·七]”(母)都是通过突出两乳来体现母性生育功能的。但是，所不同的是，贺兰山岩画是个鸟头、人身并露着两乳的图形，这应该是鸟崇拜和母性崇拜的合体，不是直接取人之形而造的，而是在崇拜意识作用下拟人化的结果。从图形的线条性来看，这个“”已经高度线条化，圆润的线条和小篆极为相似，这是典型的线条形文字，与甲骨文中“(母)”字何其相似，只不过甲骨文取的是人形罢了。再如贺兰山岩画中有表现巫师祈雨时舞蹈以悦神的“(舞)”字，描述两臂挂东西舞蹈之状，这与甲骨文中表示两手操牛尾舞蹈以悦神灵的“[甲二八五八]”“[粹三三四]”和“[前六·二一·一①]”等字的构形原理极其相似。

岩画和甲骨文在范畴化这一社会认知特征方面表现出了相通的认知性渊源，其形体的同构性则进一步说明岩画和甲骨文具有相似的成因。

第二，关于构造方法。岩画的形体有象形、会意等构造方法，这些方法与甲骨文构形方式极为相似。如贺兰山岩画中的“”与金文的“[且辛鼎]”几乎完全相同，与甲骨文中“[粹六一〇]”也有相同的构形原理，即都突出卷鼻子的特征。再如，贺兰山岩画中的犬形如“”和甲骨文中的“[甲四〇二]”在突出卷尾巴特征方面有相同之处。

岩画中有些组合图形有很明显的会意功能。如“”，象一个人张弓射箭以示涉猎之意；内蒙古阴山岩画中的“”同甲骨文“[菁七·一]”(射)字中的弯弓和矢的构形也是基本相同的。通过以上分析表明，岩画和甲骨文都有象形、会意等构造方法。岩画和甲骨文的同构性，即使还不能证明甲骨文就是源于岩画，也足以证明在岩画时代人类就已经具备了造字能力。

那么岩画到底是字还是画呢？笔者的看法是，岩画正处于一个由图画向文字发展的过渡期，不能一概而论，其中有些已经具备了文字的特性，那它们就是文字。岩画和甲骨文不仅认知特征有相同之处，而且构形和构造方法也有惊人的相似之处。这就说明甲骨文虽应用于殷商，但有一点可以肯定，其绝不是殷商时代发明的，其历史可能追溯到岩画时代或更早时期，这当然还有待于学界的考据。

二、甲骨文造字语言研究①

（一）提出造字语言这一概念的出发点

1. 为了探讨甲骨文的本源

甲骨文是先民在认知实践过程中用具象化的手段记认认知事物和体验生活的内容所造②，所以笔者拟把甲骨文的构形方式引入人类认知实践的过程中去考察，其目的在于揭示甲骨文的本源以还原甲骨文原始的造字原理。我们把先民在认识实践过程中用具象化的方式记认所认知的事物和经验生活的内容而取形于物并成字的方式称为“造字语言”。之所以称之为“造字语言”，那是因为造字过程和自然语言一样，也是一种参与认知过程并表达认知结果的方式，只不过是用线条作为形式罢了。先民通过“仰则观象于天，俯则观法于地，观鸟兽之文与地之宜”并“近取诸身，远取诸物”之形而“造书契，以代结绳之政”。这就是汉字之所以为表意字抑或甲骨文为什么是象形字的起因。

2. 为了扬弃许慎的“说文学”以探求字的本源

毋庸讳言，甲骨学人一方面根据《说文》小篆形体通过历史比较法来

① 参见王玉新：《“甲骨文＋”字理识字教学研究》，山东大学出版社 2019 年版，第 75 页。

② 参见陈兆军、王玉新：《汉字构形方式中抽象认知内容具象化的手段》，《中国书法》2018 年第 8 期。

辨识甲骨文，同时也自觉不自觉地运用许慎的“六书说”来解释甲骨文的构形方式，这就不可避免地受许慎“说文学”的局限，这不可不察。在此，笔者提出许慎“说文学”中的两个问题以供学人推敲。

其一，许慎依据“先文后字说”总结出来的“六书说”偏重结构分析，忽视了汉字的本源。许慎的“六书说”是一种静态的结构分析方法，是从“文（独体字）”和“字（合体字）”的关系出发概括出来的一种结构分析法。据许慎“先文后字说”可知，所谓的“文”是独体字，而“字”是合体字。那么，所谓的“先文后字”是说先民造字不是在一个平面上完成的，而是先造作为独体字的“文”，当“文”不够用时，再用“文”作为偏旁来构成大量的作为合体字的“字”。“先文后字”不仅是一种经济的造字规律，也是一种事半功倍的识字策略。许慎正是从“文”和“字”的关系出发，概括出了“六书说”。至于“六书”，许慎认为是六种造字法，但是按照清代戴震的“四体二用”[①]说可知，只有“象形”“指事”“会意”和“形声”是造字法，而“转注”和“假借”不产生新字体，是用字法。许慎“六书说”也好，戴震“四书说”也罢，都是静态的结构分析法，虽适合于汉字结构分析，却无法说清汉字形体的本源，即汉字形体的由来。如“得”，《说文》小篆作“”。《说文·彳部》：“，行有所得也。从彳，(导)声。”我们从“从彳，(导)声”的结构分析中找不到支持“有所得也”这一字义判断的依据。“从彳，(导)声”中的“(彳)”属借道路之行代替行走的借形法用法。行，甲骨文作“[后下二·一二]”，乃描画十字形道路或街道之形而成字，本来表示道路，但由于道路是供人行走的，所以可以借指行走，为了与道路相区别，于是就截取（省略）作“(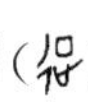)”专指行走，小篆作“”，隶变作“彳”。“彳”可以作为“行有所得”之“行”的依据，但“有所得”就缺乏认知依据了，因为按照“半主形、半主声”的形声说，声旁“导”是不表意的，所以“有所得”就没了着落。

---

① 参见《答江慎修先生论小学书》，《戴震文集》，中华书局1980年版，第62页。

可见，许慎的“六书说”虽能分析汉字的结构，但根本无法说清楚汉字形体的由来。再如“步(步)”，《说文·步部》：“步，行也。从止少相背。”“从止少相背”这一结构分析能作为“行也”这一字义判断的依据吗？肯定不行，因为“止少相背”不是“行也”这一词义判断的理由。可见，静态结构分析法无法说清汉字的形体由来，必须另辟蹊径以探求汉字本源，这就是笔者提出“造字语言”这一概念的出发点。

许慎在研究小篆构造时，因没有见到过甲骨文，缺乏字源学依据，难免会出现偏误。如许慎在解释小篆“气(气)”时为小篆形体所误，遂误解为：“气，云气也。象形。”如果许慎当时能见到甲骨文“三[前七·三六·二]”，就不会把“气”解释为“云气”了。考甲骨文“三(气)”之构造，应当解释为上划为天，下划为地，中间一横为气。这既是先民宇宙观的反映，同时也是先民辩证思维方法的写照。在先民看来，宇宙就是气构成的，聚则成形，散则成气。又由于宇宙混沌一体，无法认识，于是就“开天辟地”，从先天混沌之气“一”中分化出天和地，轻清者上升则为天，重浊者下沉则为地，中间一横表示原有的宇宙先天之气。只有这样解释，才符合老子《道德经》中关于“一生二、二生三，三生无限”的观点。因此，当今学人研究汉字时，必须进行字源学考据，否则就缺乏历史依据。

从甲骨文到说文时代，汉字发展演变了几千年，如果生搬硬套许慎的解释，不考虑其本源问题，就不符合历史唯物主义。

其二，许慎《说文》在分析象形字的构造时，用特殊代替了一般，犯了以偏概全的逻辑错误。如“象形者，画成其物，随体诘诎，日月是也”。许慎所举“日”和“月”两例，纯属个例，因为在地球上只能看到一个“太阳”和一个“月亮”，所以直接描画其轮廓是可以的，但是多数象形字不是取个别事物之形而成字的，正如许慎所说“以类象形，谓之‘文’”。所谓的“文”即独体象形字，除了“日”和“月”两字之外，都是“以类象形”的结果，即都是取某类事物之形而成字的。当然象形字的取形成字之法也随取形对象的不同而有所区别，不能一概而论，但那肯定不是“画成其物，随体诘诎”所能概括得了的。

总之，许慎“说文学”有其历史局限，这些局限不可能不对甲骨文研究产生消极的影响，所以我们必须构建适合甲骨文构形方式分析的模式以促进甲骨文研究的创新性发展和创造性转化。

（二）关于甲骨文造字语言研究①

探索汉字的本源，构建甲骨文本源性分析模式，就必须采取原点思维方式，直接从汉字的本源角度探讨甲骨文形体的由来。我们把先民在认知实践中取形于物而成字以固化认知事物和体验生活内容的方式称为“造字语言”。据笔者的初步研究，甲骨文造字语言共分为“抽象法”“描述法”“合意法”“类化法”和“标记法”五种类型。

1. 抽象法

所谓的“抽象法”是指抽取事物特征而成字的方法。根据抽取事物特征的方式不同，可把抽象法分为“特征概括”“描画轮廓”和“局部借代”三种类型。

（1）特征概括

所谓的特征概括，就是概括事物共性特征而成字的方法。特征概括可分为特征组合和典型样例两种基本方式。

所谓的特征组合，就是借助线条来组合事物特征的方法。如“（木）”是用线条组合树干、树枝和树根这三方面的特征而成字的。再如：

虍——甲骨文作“［乙八〇一三①］”（虍），组合虎的眼睛和獠牙之状以使人恐惧，所表现的是因惧怕而产生的崇拜意识。

鱼——甲骨文作“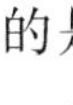［佚八一二］”（鱼）或“［前四・五五・七］”（鱼），组合

① 参见王玉新：《“甲骨文＋”字理识字教学研究》，山东大学出版社2019年版，第76～88页。

鱼类动物有尖头和鳍、尾等特征而成字，以描述鱼类会游动的形体特征。

鸟——甲骨文作“[甲二九〇四]”(鸟)，组合鸟类动物有翅膀、会飞的形体特征而成字，以记认鸟类动物。

禾——甲骨文作“[乙四八六七①]”(禾)，组合植物茎叶和根以及下垂的果实而成字以表现庄稼的形体特征。

所谓的典型样例，是指从某类事物之中选择一个样例并通过描画样例的特征来记认该类事物的方法。如甲骨文“鹿”字之所以有多个形体，即“[乙三〇八]”“[粹九五三]”“[京津一四九]”等，就是因选取的样例不同所致。

通过概括事物共性特征以认知该类事物，这是特征概括这种造字语言所特有的认知功能。

(2)描画轮廓

有的事物只有一个，无须概括事物共性特征，可以直接描画其轮廓而成字，如描画太阳轮廓所造的“[佚三七四]”(日)和描画夕月轮廓所造的“[粹六五九]”(月)等。需要指出的是，描画轮廓这种方法，只适合单独的事物。

(3)局部借代

有些事物的局部能体现该事物的特征，于是就借能体现事物特征的局部之形而成字来替代该类事物。局部借代法是通过比较法来提取事物局部特征的，如把羊和犬放在一起比较，就不难发现羊有犄角而犬没有，于是就可以提取羊角之形来代替羊这一动物，所以甲骨文就主要提取羊犄角之形作“[河三八七]”来借代羊。再如把马和牛放在一起比较，显然牛有犄角而马没有，所以就提取牛的犄角和牛尾之形而成“[乙三三二八一]”字来代替牛。

从认知论的角度来看，无论是特征组合、描画轮廓，还是局部借代，都是通过抽取事物特征而成字以记认事物的方法，这是由汉字介入认知过程所形成的抽象思维的一种形式（符号形式不同所形成的思维特征会有所不同），即根据所认知的有限事物来归纳事物特征，然后再根据事物特征去演绎推理以认知同类的其他事物，这其中蕴含着一个归纳和演绎相融合的认知过程：

由于时空的局限，一个人倾其一生也不可能认识某类事物中的所有事物。比如一个人一辈子也不可能认识所有的树木，但是可以借助汉字所记认的有限的树木抽象出树木的树枝、树干和树根这些特征而成“[甲三五一〇]”字，然后通过“[甲三五一〇]”字去类比推理所有的树木——当人们认知到“(木)”字所概括的树干、树枝和树根这些特征以后，只要见到类似“”字所表现的形体特征的植物，尽管不知其名称，仍然可以断定这肯定是树木。这一认知过程其实就是一个演绎推理过程：

树木具有树干、树枝和树根这些特征（大前提）；

这植物具有树根、树枝和树根这些特征（小前提）；

那么，这植物就是树木（结论）。

根据所认知的部分事物抽象其共性特征去演绎推理所有事物，这就是特征抽象这种造字语言所反映的抽象思维的基本规律，抑或是抽象思维的优越性之所在——由有限认知无限、由已知认知未知。这就是汉字所参与的抽象思维的基本特征。

2. 描述法

（1）许慎运用“造字情景描述法”揭示汉字的构形方式的启发意义

为弥补静态结构分析之不足，许慎在《说文》中也常采用另一种分析方法以揭示造字理据，我们称之为“造字情景描述法”，简称“描述法”。所谓的“造字情景”，如《说文 · 木部》：“，息止也。从人依木。”其中的“人依木”，即人背靠着树木，这就是造字时所依据的“造字情景”。所谓的情

景描述，就是用描述性语言来描述人的行为（或劳动、生活等）或事物的运动变化过程以及某些事件等情景而成字的方法。这种情景描述法正是先民在认知实践中用线条记认所认知的事物和体验生活的内容的一种动态的造字语言。描述法所造之字有独体字也有合体字。甲骨文独体字如“[甲三五一〇]”，小篆作“”。《说文·木部》：“，冒也。冒地而生……从屮，下象其根。”其中的“冒也。冒地而生”就是一种情景描述方法，所描述的是树木破土而出后逐渐生长这一情景。又如“屮”，甲骨文作“[佚八四]”，小篆作“”。《说文·屮部》：“，艸木初生也。象丨出形，有枝茎也。”其中“艸木初生也”所描述的是草木生长时的情景。除了字根外，有些会意字也是用描述法所造。如前文所述的“休”，小篆作“”。《说文·木部》：“休，息止也。从人依木。”其中“息止也”是词义概括（词义认知），而“人依木”则是造字情景的动态描述方法，我们通过“人依木”的动态描述中能想象出一个人靠着大树休憩的情景。只有“人依木”这种动态的情景描述才能与“息止也”的词义概括（词义认知）更适配。但是情景描述要具体，否则就会有歧义。如“人依木”这一描述过于简略，有歧义，其实也可以理解为乘凉等。所以，造字情景描述得越具体，就越能排除其他理解的可能性。如把“（休）”的造字语言描述为：人累了，走到树下背靠大树休息。这样就不会有歧义了。虽然许慎没见到甲骨文，但是“人依木”的情景描述与甲骨文“[前五·二六·三]”字的造字原理却非常契合，这是难能可贵之处。

综上所述，描述法能生动地展示出字形所表现的事物的发展变化和人生活、劳动等情景，不失为一种生动形象的造字方法，值得借鉴。所以，要借鉴许慎“说文学”来解读甲骨文，绝不能生搬硬套，必须有所扬弃，即把许慎的静态结构分析和描述法相结合以还原甲骨文原初造字理据。

(2)甲骨文描述法分析

甲骨文作为一种早期的象形文字，更接近原始的造字状态，所以从甲骨文形体中更容易发现描述法的造字规律。甲骨文运用描述法所描述的内容大致可以概括为以下三个方面：

①描述人的行为

甲骨文中一个字可有多个字形，如“渔”字有“[甲一〇八五]”和“[后下二·三五·一]”两个字形，生动地描述出先民所创的捕鱼方法。

“(渔)”——描述一个人手持钓竿在钓鱼的情景。

“(渔)”——“(又，手)”，从“(网)”，从“(鱼)”，描述一个人用手撒网捕鱼的情景。

其他如：

取——甲骨文作“[前一·九·七]”，从“(又)”从“(耳)”。小篆作“”，隶变作“取”。《说文·又部》：“，捕取也。从又从耳。《周礼》：‘获者取左耳。’《司马法》曰：‘载献聝。’聝者，耳也。”其中“捕取也”是词义概括(词义认知)，“从又从耳”是字形拆解、偏旁功能判断和会意字造字法的判断，而“获者取左耳”和“载献聝”则是造字情景描述：凯旋时载着敌人的耳朵报功。

采——甲骨文作“[前五·三六·一①]”，从“(爪)”从“(枼)”。小篆更换偏旁作“”，隶变作“采”。《说文·木部》：“，捋取也。从木从爪。”其中“捋取也”是造字情景描述。据甲骨文“”字可进一步把造字情景具体描述为：用手捋取树叶。

陟——甲骨文作“[宁滬一·五九二]”，从“(阜)”表示与山有关，从“(步)”，脚趾朝上以描述向山上攀登之状。

降——甲骨文作“[粹九〇一]”，从“(阜)”表示与山有关，从“(夅)”，脚趾朝下以描述向山下走的状态。

队——甲骨文作“[粹一五八〇]”，从“(阜)”表示与山有关，从“(子)”，头朝下以表示坠落之状。甲骨文或作“[菁三·一①]”，从“(阜)”表示与山有关，从“(人)”，头朝下以表示坠落之意。

②描述事物的变化

木——甲骨文作“[甲三五一〇]”或“[后上一三·八]”，《说文》小篆承甲骨文作“”。《说文·木部》：“，冒也。冒地而生。东方之行。从屮，下象其根。”按：其中“冒也。冒地而生”属描述法，描述树木破土而出并逐渐生长之情景。

才——甲骨文作“[后上一〇·九]”或“[续一·三·六]”，《说文》小篆作“”。《说文·才部》：“，艸木之初也。从丨上贯一，将生枝叶。一，地也。”按：“艸木之初也”“将生枝叶”属描述法，描述植物即将生长枝叶之情景。

生——甲骨文作“[粹一一三一①]”，描述植物从地上冒出并有节之状以示植物生长过程。《说文》小篆作“”，隶变作“生”。《说文·生部》：“，进也。象艸木生出土上。”按：“艸木生出土上”所描述的正是植物节节生长之情景。

水——甲骨文作“[前二·四·三]”，《说文》小篆作“”，隶变作“水”。《说文·水部》：“……众水并流。”按：“众水并流”所描述的正是河水流动之情景。

雨——甲骨文作“[铁三二·三]”，《说文》小篆作“”，隶变作“雨”。《说文·雨部》：“雨，水从云下也。”按：“水从云下也”所描述的正是雨点纷纷下落之状。有字谜曰：“千条线，万条线，落到水里都不见。”该字谜正是下雨情景的生动描述。

土——甲骨文作“[前五·一〇·二]”或“[前七·三六·一]”等。《说文》小篆作“”，隶变作“土”。《说文·土部》：“，地之吐生物者也。二象地之下、地之中，物出形也。”按：“地之吐生物者也”所描述的是生物破土而出之情景。

③描述某种事件

疒——甲骨文作“[粹一二六八]”，《说文》小篆作“”，隶变作“疒”。《说文·疒部》：“，倚也。人有疾病，象倚箸之形。”按：“倚箸之形”与甲骨构形方式相同，即人病了或受伤躺在床上之情景。

示——甲骨文作“[甲二八二]”或“[前二·三八·二①]”，《说文》小篆作“”，隶变作“示”。《说文·示部》：“，天垂象，见吉凶，所以示人也。从二（古上字）。三垂，日月星也。观乎天文，以察时变。示，神事也。”按：“天垂象”就是天空降落东西之状的描述。

灾（災）——甲骨文作“[诚明二]”或“[乙九五九]”，描述屋中着火之情景。

先民把在认识实践中认知或体验到的人的行为、事物的变化和某种事件等情景，运用描述法生动形象地描述成字，这是先民智慧的结晶。

3.合意法

所谓的合意法就是组合偏旁形成新字以表示新意的方法。每个偏旁都是由一个独立的字演变而来的，都代表某种意义，可通过偏旁组合形成一个具有新的意义的合体字，合意法是一种表达抽象意义的造字法。

仁——甲骨文作“[前二·一九·一①]”。合意为：以人为上、以人为贵，尊重人的价值。从人、二（古上字）。

分——甲骨文作“[京津四一一一]”。从八表示分开、分别，从刀表示切分的工具。合意为：用刀分开。概括为：分开、分别。

昏——甲骨文作“[粹七一五]”。日头西下，从日、氏（省），氐，下。合意为：夕阳西下之时，即黄昏。

公——甲骨文作“[京津四一一一]”，《说文》小篆承甲骨文作“”。

《说文·八部》：“，平分也。从八从厶(音司)。八犹背也。韓非曰：背厶为公。”八、厶合意为“公”。

牢——甲骨文作“[后下三·一四]”或“[粹五七四①]”，描画四周围栏圈牛羊之处。《说文》小篆承甲骨文作“”，隶变作“牢”。《说文·牛部》：“，闲，养牛马圈也。从牛，冬省。取其四周帀也。”按：“闲”，栅栏，古人围栅栏圈牛羊。合意为：牛羊圈。

4.类化法

所谓的类化法，就是借助字形所体现的事物之间的某种联系而造字以组合某认知范畴的方法。例如“(水)”是通过提取河水流动的特征来记认所有的水流，字形直观地表明了水流的特征，所以如果用“(水)”“(水)”或“(水)”作部首造合体字以记认水流，就会让人直观地意识到所记认的一定是水流，也就等于把从水部以记认河流的字组合在一起构成了河流这一认知范畴。如：

(、)——(河)、(洛)、(淮)等(水流类事物)。

其中部首“(、)”记认所有水流，而部首所造“(河)”“(洛)”“(淮)”等合体字所记认的仅是水流中的一种，我们把通过部首形成一类事物(范畴)的过程称为“认知范畴化”，汉字部首就是认知范畴化的手段，同时也是认知范畴化的产物。认知范畴化是抽象思维的必要环节，是民族思维能力成熟的表现，必然会随着人类的进步而延续下来。到小篆时期，这种范畴化更为严密。如：

(水)——(河)、(江)、(汝)、(淮)、(汾)、(洛)等。

(水)记认所有水流，而“(河)”“(江)”“(汝)”“(淮)”“(汾)”“(洛)”等字所记认的是河流中的一种。凡是水流用字都从“(水)”作部首，从而组合成一个逻辑严密的河流类范畴。

再如甲骨文“(木)”提取树木的特征而成字从而记认树木，那么就可以借助部首“木”组合成一个树木范畴。如：

“𣎳(木)”——林(林)、森(森)、桑(桑)等。

通过上述类化法可以建立一个个认知范畴，形成系统认知模式，这是中华民族整体认知规律的反映，这种整体认知的特征伴随着汉字的发展越来越严密，显示出后世对整体认知为特点的系统思维方法的继承和发展。现以《说文》“𣎳(木)”部为例简略分析如下：

木(木)——朱(朱)、杜(杜)、李(李)、松(松)、柏(柏)、柳(柳)、桂(桂)、桑(桑)、杨(杨)、槐(槐)、榆(榆)等。

《说文》小篆和现代汉字系统中，都毫无例外地把树名和与树木相关的字都用部首“木”来记认，从而形成逻辑严密的认知范畴，而认知范畴是借助部首所体现的事物之间的联系而形成的。那么，汉字部首能体现哪些联系形成认知范畴呢？下面以现代汉字系统中的木部为例进行说明：

木——杨、柳、榆、槐、松……(类属关系，树的一种)

本、根、梢……(相关联系，树木的一部分，与树木相关)

材、板……(木材，相关联系，因取之于树木，与树木相关)

桌、椅、柜、橱……(相关联系，木制品，与木材相关)

如上例所示，部首木是借助“类属关系”和“相关联系”来构成上述认知范畴的。所谓的类属关系实质上就是包含和被包含关系，即部首所记认的是所有的树木，而由部首所造合体字所记认的是其中的一种，这就是逻辑学上所说的属种关系。所谓的相关联系其实有两种：一种是直接相关，如上例中“本、根、梢”属于树木的一部分，与树木直接相关；“材、板”取之于树木，也与树木直接相关。另一种是间接相关，如“桌、椅、柜、橱”属木制品，与“材、板”等木头直接相关，而与树木则间接相关。总之，部首木借助“类属关系”和“相关联系”构成一个木部认知范畴，凡是抽象事物特征所造部首都具有上述范畴化功能。部首是认知范畴化的产物和工具。部首的范畴化功能是思维由感性发展到理性认知的标志。

5.标记法

标记法是一种抽象的造字语言，有两种功能：

其一，表达抽象的认知内容。如一，甲骨文作“[前四·四七·六]”，《说文》小篆作“”。《说文·一部》：“，惟初太始，道立于一，造分天地，化成万物。凡一之属皆从一。”按：一，标记万物之初始。“惟初太始”，即万物之初始，事物无论大小，都从一开始。例如植物是从一粒种子开始生长的，宇宙也是从一个奇点开始不断演化而来的。“造分天地，化成万物”是个认识论问题，即把宇宙划分为天和地两级，天地相生，化育万物，这是先民宇宙观和辩证思维的体现。一，造分天地成为“二”，甲骨文作“[乙二二四三反①]”，《说文》小篆作“”，上为天，下为地。《道德经》云：“道生一，一生二，二生三，三生万物。”按：为什么“一生二”呢？这是个认知论问题，先民通过“开天辟地”的故事，把宇宙先天之气分为上下两部分，都用“一”来表示。于是甲骨文把先天之气一分为三作“[粹五二四]”，《说文》小篆作“”，隶变作“气”。《说文·气部》：“，云气也。象形。凡气之属皆从气。”按：考甲骨文“（气）”，上为天、下为地，中间是气，气为宇宙之本源。金文作“”，上划上翘表示天，下划下弯表示地。许慎过于拘泥于“”之形体，将其误解为“云气”。如果按照“云气”来解释，会与“氧”“氢”等字的部首的功能相龃龉。通过造“（气）”，先民把自己对宇宙一分为二、再为三的认知方式用“一”清清楚楚地标记了出来。

其二，标记某事物或事物的某个部位。

标记某事物的例子，如：

血——甲骨文作“[前四·三三·二①]”，在“（皿）”中有“”以标记血液。

甘——甲骨文作“[后上一二·四]”，“（口）”中有“”以记认舌头，因舌头是味觉器官，可借指滋味，引申为甜味。

标记事物某部分的例子，如：

亦——甲骨文作“[菁六·一]”，在“”两臂下加“”作标记以记认两个腋窝。

天——甲骨文作“[甲三六九〇]”，金文作“(天鼎)”。王国维《观堂集林》：“古文天字本象人形……本谓人颠顶……所以独坟其首者，正特著其所象之处也。”[1]甲骨文或作“[乙三〇〇八①]”，《说文》小篆作“”，隶变作“天”。《说文·大部》：“，颠也。至高无上，从一、大。”按：大本人形，而“一”标记人头。天本指人头，也引申为高出人头部之物，如“天线”“天花板”“天窗”和“天空”等。

标记法这种造字语言借助标记来记认抽象的认知内容或某事物及事物的某部分，具有“视而可识，察而见义”的表达效果。

综上所述，造字语言是先民在认知实践中用线条来记认所认知事物和体验生活的内容而成字的方式。我们在这里提出“造字语言”这一概念的目的，是想把甲骨文的造字理据引入认知实践(认知事物和经验生活)过程之中，力求还原甲骨文原始的造字原理，为变革识字法以传承民族文化服务。

三、造字语言和结构分析相结合的汉字构形方式的全息分析模式

(一)许慎《说文》静态结构分析模式的局限[2]

1.《说文》静态结构分析模式及要素

(1)象形字静态结构分析模式及要素

许慎所著《说文解字》作为汉字学的创始之作，其中有许多理论和方

① 转引自《汉语大字典》(缩印本)，四川辞书出版社、湖北辞书出版社1993年版，第522页。

② 参见王玉新：《“甲骨文+”字理识字教学研究》，山东大学出版社2019年版，第64页。

法是值得继承和发扬的，比如许慎在《说文》中运用其“六书说”破解9353个小篆的造字理据的同时，也创造了静态结构分析模式。研究许慎所创静态结构分析模式的结构要素，旨在深入研究其静态结构分析的逻辑规则。

对于象形字而言，静态结构分析模式的基本要素为：造字法判断和概括词义。如“又”，小篆作“”。《说文・又部》：“，手也。象形。”其中“象形”是造字法判断，而“手也”是词义概括或称之为“词义认知”。为什么说是词义而不是字义呢？因为字是记录词的，字不离词，词不离句，在特定的语境下，平时所说的字义其实是字所记录的词的语境义。虽然许慎在《说文》中的表述顺序为先概括词义再作出造字法的判断，但这只是为了表述的方便所作的安排，从认知论的角度来看，其逻辑顺序应该为：造字法判断——概括词义（词义认知）。

许慎在《说文》中分析象形字的造字法时，共涉及造字法判断和词义概括两个方面。如：

手——小篆作“”。《说文・手部》：“手，拳也。象形。”“拳也”是词义概括（词义认知），而“象形”则是造字法的判断。

月——小篆作“”。《说文》：“，阙也。大阴之精。象形。”“阙也”是词义概括（词义认知），意为月亮有缺口（不圆）。“象形”则是造字法的判断。

气——小篆作“”。《说文・气部》：“，云气也。象形。”“云气也”是词义概括（词义认知），而“象形”则是造字法的判断。

许慎《说文》在判断象形字时，只说“象形”，至于如何象形，多省略不谈。但有时也会描述象形的内容或方法，如：

禾——甲骨文作“[乙四八六七①]”或“[粹八]”，《说文》小篆承之作“”。《说文・禾部》：“，嘉谷也。二月始生，八月而孰，得时之中，故谓之禾。禾，木也。木王而生，金王而死。从木，从𠂹省。象其穗。”“嘉谷也”是词义概括（词义认知），“二月始生，八月而孰，得时之中，故谓之禾。禾，木也。木王而生，金王而死”是词义的补充，“从木，从𠂹省。象其穗”是象形内容的解释。

再如：

人——甲骨文作“[戬四一·六]”或“[甲八五四①]”等，《说文》小篆作“”。《说文·人部》：“，天地之性最贵者也。此籀文。象臂胫之形。”其中，“天地之性最贵者也”是词义概括（词义认知），而“象臂胫之形”是对象形内容的解释。

（2）合体字静态结构分析模式及要素

许慎在《说文》中也常用这种静态结构分析方法来分析合体字的造字理据，但不同的是，对于合体字的分析除了造字法判断和字义概括外，还多出了字形拆分和偏旁功能的判断这两个要素，这也就是说，合体字的造字法分析一共要涉及四个方面：词义概括（词义认知）、合体字拆分、偏旁功能判断和造字法的分析。对于上述四个要素，许慎在《说文》中是按下列顺序来处理的（见图 1-5）：

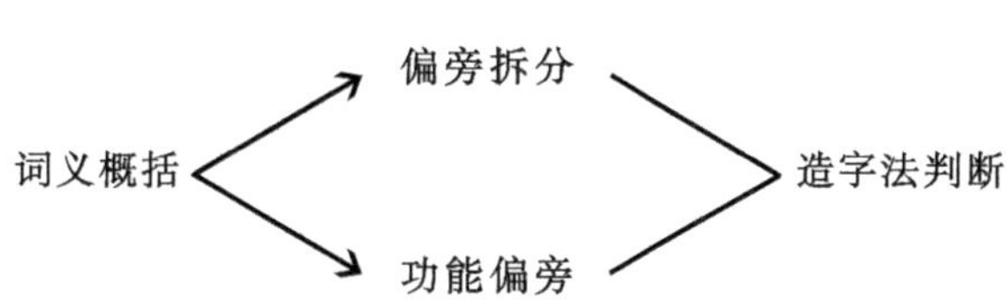

图 1-5　静态结构模式分析顺序

重形字和会意字共包含上述四个要素。重形字如“林”，甲骨文作“[京津五五五六]”或“[粹七二六①]”，小篆统一字形作“”。《说文·林部》：“，平土有丛木曰林。从二木。”其中共含有四个要素：第一，“平土有丛木曰林”是词义概括（词义认知）。第二，“从二木”包含着以下三个要素：

其一，字形拆分，如把“林”拆分为“二木”。其二，偏旁功能的判断。许慎在《说文》中常用“从……”这一术语表示形旁，而用“……声”这一术语表示声旁，即形旁表意，声旁表音。其三，造字法的判断。根据“从二木”中的“从……”这一术语可知两个偏旁“木”都是形旁，这就表明“林”字是由两个“木”作为形旁构成的重形字（有些学者认为其是“同体会意字”）。同样，会意字也含有上述四个要素。如“牧”，甲骨文作“牧[珠七五八①]”，从“攴（支）”，从“牛（牛）”，小篆承甲骨文作“牧”。《说文·支部》：“牧，养牛人也。从支，从牛。”其中包含四个要素：第一，“养牛人也”是词义概括（词义认知）。第二，“从支从牛”包含三个要素：其一是字形拆分，即把“牧”字拆分为“牛（牛）”和“攴（支）”两个偏旁。其二是偏旁功能判断，“从支，从牛”中的术语“从……从……”表明“支”和“牛”两个偏旁都是形旁。其三是造字法判断，“从支，从牛”中的“从……”表明“牧”是两个形旁构成的会意字。因为在《说文》系统中，只有会意字是由两个不同的形旁所构成的。

形声字也含有词义概括（词义认知）、结构拆分、偏旁功能判断和造字法判断四个要素。如“扶”，小篆作“扶”。《说文·手部》：“扶，左也。从手，夫声。”其中包含四个要素：第一，“左也”是词义概括（词义认知）。第二，“从手，夫声”包含三个要素：其一，结构拆分。“从手，夫声”是把“扶”字拆分为“手（手）”和“夫（夫）”两个偏旁。其二，偏旁功能判断。据“从手，夫声”的“从……”和“……声”可知，“从手”的“手”是形旁，而“夫声”的“夫”是声旁。其三，造字法的分析。“从手，夫声”中的“从……”的“从”和“……声”的“声”则表明“扶”字是由形旁“手”（隶变作“扌”）和声旁“夫”构成的形声字。

指事字除了一笔构成的“一”之外，也都是包含词义概括（词义认知）、结构拆分、偏旁功能判断和造字法判断这四个要素。如《说文》小篆“二”。《说文·二部》：“二，地之数也。从偶一。”其中包含四个要素：第一，“地之数也”是词义概括（词义认知）。第二，“从偶一”共包含以下三个要素：其一，结构拆分。“从偶一”中的“从……”把“二”拆成两个“一”。其二，偏旁功能分析。“从偶一”中的“从……”表明“偶一”中的“一”是形旁。其三，造字法判断，指事字。再如“夫（夫）”，《说文·夫部》：“夫，丈夫也。从大，一以象簪也。周制以八寸为尺，十尺为丈。人长八尺，故曰丈夫。”其中共包含四个要素：其一，“丈夫也”是词义概括（词义认知），而“周制以八寸为尺，十尺为丈。人长八尺，故曰丈夫”是词义补充。其二，“从大，一以象簪也”是结构拆分，即把“夫”拆分为“大（大）”和“一（一）”两个偏旁。其三，偏旁功能判断。“从大”中的“从……”表明“夫（大）”是形旁，而“一以象簪也”中的“一（一）”是标记。其四，“从大，一以象簪也”表明“夫（夫）”是指事字。

综上所述，《说文》关于合体字造字法的分析模式共涉及“词义概括（词义认知）”“结构拆分”“偏旁功能判断”和“造字法分析”这四个要素。

2.《说文》静态结构分析模式的局限性

(1)静态结构分析模式的逻辑规则

①象形字造字法分析模式的逻辑规则

许慎在《说文》中运用静态结构分析模式分析象形字时，基本上按以下顺序分两个分析步骤进行：词义概括（词义认知）→造字法判断。如：

刀——甲骨文作“刀[甲三〇八五]”或“刀[粹一一八四①]”，《说文》小篆承之作“刀”。《说文·刀部》：“刀，兵也。象形。”两个步骤：其一，“兵也”是字义概括。其二，“象形”，造字法的判断。

口——甲骨文作“口[甲一二七七]”或“口[粹二二〇]”，《说文》小篆承之作“口”。《说文·口部》：“口，人所以言食也。象形。”两个步骤：其一，人所以言食也”是词义概括（词义认知）。其二，“象形”，造字法判断。

耳——甲骨文作“耳[后上三〇·五]”或“耳[后下一五·一〇]”，《说文》小篆承之作“”。《说文·耳部》:“,主听也。象形。”两个步骤:其一,“主听也”,词义概括(词义认知)。其二,“象形”,造字法判断。

“词义概括(词义认知)+造字法判断”是许慎《说文》象形字造字法分析的基本模式之一。还有另外一种模式:词义判断+造字法+补充。如:

又——甲骨文作“[粹一九四]”,《说文》小篆承之作“”。《说文·又部》:“,手也。象形。三指者,手之列多略不过三也。”其中“手也”是词义概括(词义认知),“象形”是造字法判断,而“三指者,手之列多略不过三也”是对象形方法的补充,即说明“”为什么只有三根手指头。

牛——甲骨文作“[乙三三二八一]”或“[甲七九五]”,《说文》小篆承之作“”。《说文·牛部》:“,大牲也。牛,件也;件,事理也。象角头三、封尾之形。”其中“大牲也”是词义概括,“牛,件也;件,事理也”是词义补充,而“象角头三、封尾之形”是造字法的判断及解释。

卜——甲骨文作“[菁一·一①]”或“[铁一七三·四]”,《说文》小篆作“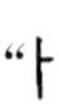”。《说文·卜部》:“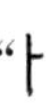,灼剥龟也,象灸龟之形。一曰象龟兆之纵横也。”其中“灼剥龟也”是词义概括(词义认知),“象灸龟之形”是造字法判断,而“一曰象龟兆之纵横也”是对造字法的补充。

许慎在《说文》中先概括词义(词义认知),然后再提出象形造字法以示说明。从认知逻辑角度看,其逻辑原理应该是:造字法为因,词义认知为果。如果先于造字法分析而概括了词义,那么造字法分析就失去了价值。但问题是造字法判断的依据又是什么?该问题触及汉字的本源问题。

②合体字造字法分析模式的逻辑规则

许慎在《说文》中运用静态结构分析模式分析指事字、会意字和形声字三种造字法时,基本都是按照以下四个步骤进行分析:概括词义、字形拆分、偏旁功能的判断、造字法的分析。

第一，指事字的两种分析模式。

许慎在《说文》中运用静态结构分析模式分析指事字时，随指事字的不同类型采取了两种不同的分析模式。指事字属用标记法所造之字，根据所用的标记和标记方法的不同，可以把指事字分为由抽象符号构成和在象形字上加标记两种类型。

由抽象符号构成的指事字，其分析模式与象形字相同：词义概括（词义认知）→造字法。如：

上——《说文》古文作“丄”。《说文·丄部》：“丄，高也。此古文上，指事也。”其中“高也”是词义概括（词义认知），“指事也”是造字法判断。

下——《说文·丄部》：“丅，底也。指事。”其中“底也”是词义概括（词义认知），“指事”是造字法判断。

以象形字为参照再加标记符号构造的指事字，其分析模式按前述四个步骤进行。如：

天——甲骨文作“天[乙三〇〇八①]”，《说文》小篆承之作“天”。《说文·一部》：“天，颠也。至高无上，从一、大。”分四个步骤进行分析：其一，“颠也”是词义概括（词义认知）。其二，结构拆分，即把“天”字拆分为“一、大”。其三，偏旁功能判断，“从……”表明后面的偏旁是形旁，那么“从一、大”则表明“一、大”都是形旁。其四，造字法判断，即指事，“一”在“大”之上标记人颠顶。

夫——甲骨文作“夫[铁七七三]”或“夫[京津三八七〇]”，《说文》小篆承之作“夫”。《说文·夫部》：“夫，丈夫也。从大，一以象簪也。周制以八寸为尺，十尺为丈。人长八尺，故曰丈夫。”分四个步骤进行分析：其一，“丈夫也”是词义概括（词义认知），“周制以八寸为尺，十尺为丈”是对“丈夫”之“丈”的补充解释，而“人长八尺，故曰丈夫”是对“丈夫”之“夫”的补充解释。其二，“从大，一”是结构拆分，即把“夫”字拆分为“大”和“一”两个偏旁。其三，偏旁功能判断，“从……”表明“大”和“一”都是形旁。其四，造字法的判断，“从大，一象簪也”表明“大”字上面的“一”标记簪子。可见是指事字无疑。

亦——甲骨文作“[前七·四·三]”或“[甲八九六]”，《说文》小篆承之作“”。《说文·亦部》：“，人之臂亦也。从大，象两亦之形。”分四个步骤进行分析：其一，“人之臂亦也”是词义概括（词义认知）。其二，“从大，象两亦之形”是结构拆分，即把“”拆分为“（大）”和“（八）”两个偏旁。其三，偏旁功能判断，“从大，象两亦之形”中的“从……”表明“（大）”和“（八）”都是形旁。其四，造字法判断。“象两亦之形”表明“（八）”是标记符号，以标记两个腋窝。

第二，会意字的四个步骤分析。

无论是同体会意字或异体会意字，许慎《说文》在分析其结构时，同指事字一样，都是按顺序进行了四个分析步骤。如：

林——甲骨文作“[京津五五五六]”或“[粹七二六①]”，《说文》小篆承之作“”。《说文·林部》：“，平土有丛木曰林。从二木。”分四个步骤进行分析：其一，“平土有丛木曰林”是词义概括（词义认知）。其二，结构拆分。“从二木”表明把“”字拆分为“二木”，即两个偏旁木。其三，偏旁功能判断。“从二木”中的“从……”表明“二木”之“木”属于形旁。其四，造字法判断。“从二木”表明林字是由两个木构成的重形字。

陟——甲骨文作“[宁滬一·五九二]”或“[后下一一·一二]”，《说文》小篆统一字形作“”。《说文·𨸏部》：“，登也。从𨸏从步。”分四个步骤进行分析：其一，“登也”是词义概括（词义认知）。其二，结构拆分。“从𨸏从步”用“从……从……”中的两个“从”把“陟”拆分成“𨸏（阜，偏旁化作‘阝’）”和“步”两个偏旁。其三，偏旁功能判断。“从……从……”表明“𨸏”和“步”都是形旁。其四，造字法判断。“从……从……”表明“陟”是由“𨸏

(阜,偏旁化作‘阝’)”和“步”构成的会意字,因为在《说文》“六书说”中只有异体会意字才是由两个不同的形旁构成的。

采——甲骨文作“[前五·三六·一①]”或“[铁二四二·一]”,《说文》小篆承之作“”。《说文·木部》:“,捋取也。从木从爪。”分四个步骤进行分析:其一,“捋取也”是词义概括(词义认知)。其二,“从木从爪”中的两个“从……从……”把采字拆分为“木”和“爪”两个偏旁。其三,“从……从……”中的两个“从”表明“木”和“爪(偏旁化作‘爫’)”两个偏旁是形旁。其四,造字法判断。“从木从爪”表明“采”字是由“木”和“爪(偏旁化作‘爫’)”两个偏旁构成的会意字,因为在许慎《说文》“六书说”中由两个不同的形旁构造的字只能是会意字。

第三,形声字的四个分析步骤。

河——甲骨文作“[前一·四八·五]”“[林二·二〇·一二]”或“[甲二四九一①]”,《说文》小篆作“”。《说文·水部》:“河,水。出敦煌塞外昆仑山,发原注海。从水,可声。”分四个步骤进行分析:其一,“水”是词义概括(词义认知)。“出敦煌塞外昆仑山,发原注海”是对词义的补充。其二,结构拆分。用“从水,可声”把“河”拆分成了“水”和“可”两个偏旁。其三,偏旁功能判断。据“从水”判断“水”为形旁,据“可声”判断“可”为声旁。其四,造字法判断。据“从水,可声”可知,“河”是由形旁“水(隶变作‘氵’)”和声旁“可”构成的形声字。

得——甲骨文作“[京都二一一三]”,《说文》小篆承之作“”。《说文·彳部》:“,行有所得也。从彳,导声。”分四个步骤进行分析:其一,“行有所得也”是词义概括(词义认知)。其二,结构拆分。用“从彳,导声”把“得”字拆分为“彳”和“导”两个偏旁。其三,偏旁功能判断。据“从彳”判断“彳”为形旁,据“导声”判断“导”为声旁。其四,造字法判断。据“从彳,导声”可知,“得”字是由“彳”和“导”构成的形声字。

(2)静态结构分析模式的局限性

①象形字造字法分析模式的局限性

许慎在《说文》中的“象形说”有以下两个局限：

其一，以偏概全。许慎认为：“象形者，画成其物，随体诘屈，日月是也。”其中“画成其物”的“物”是指单独的事物呢？还是某类事物呢？许慎所举“日月是也”中的“日”和“月”两个例证是单独的事物，因为从地球上看只有一个太阳和一个月亮。这应该是特例，能代表象形字的普遍造字规律吗？答案是否定的。如许慎在论及“先文后字说”时就明确指出：“仓颉之初作书也，盖依类象形，故谓之文。其后形声相益，即谓之字。文者，物象之本；字者，言孳乳而浸多也。”据“依类象形”可知，象形不是对于个别事物的象形，而是取某类事物之形而成字的。据笔者考察，许慎所谓的“盖依类象形，故谓之文”之“文”是指象形字。象形字中有一种是描画单独事物轮廓而成字的，如“日月是也”中的“日”和“月”即是，但此类纯属特例，代表不了象形字的普遍构造规律。除了“日”和“月”之外，多数象形字是抽象某类事物特征而成字的，是“依类象形”的结果。所以“画成其物，随体诘屈”只适用于单独事物，不适合“依类象形”的象形字。那么先民又是如何“依类象形”的呢？这就不是如“画成其物，随体诘屈”那样依样画葫芦所能了事的了。总之，把象形描述为“画成其物，随体诘屈”难免有以偏概全之嫌。

其二，本源缺失。象形字分析模式中的词义概括(词义认知)和造字法判断两个因素，从逻辑角度看，无论两者何者为因，都缺乏根据——既不能先于造字法分析而概括词义，也不能先于词义概括而判断造字法，这似乎在昭示必须有其他因素介入，否则就永远无法说清象形字的形体由来，象形字的形体也就成了无源之水、无本之木。由此可见，许慎《说文》关于象形字的分析模式局限还在于本源的缺失。

综上所述，我们不能囿于许慎《说文》中的象形之说，而应该另辟蹊径以探索象形字的构形方式。

②合体字静态结构分析的局限性

许慎《说文》是按照如下步骤展开合体字的造字法分析的(见图 1-6)：

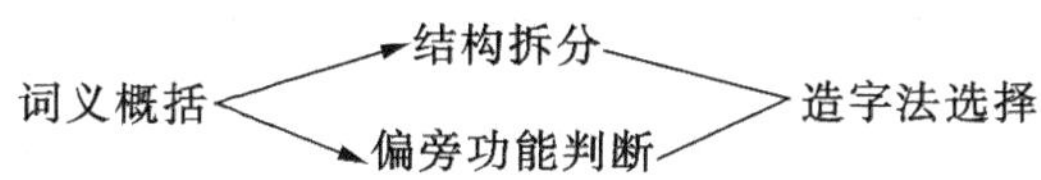

图 1-6　合体字静态结构分析步骤

许慎《说文》在分析每个字的造字法时，都是从词义概括(词义认知)开始的，但从认知逻辑角度来看，造字法分析的各个环节或各个因素之间的逻辑关系应为(见图 1-7)：

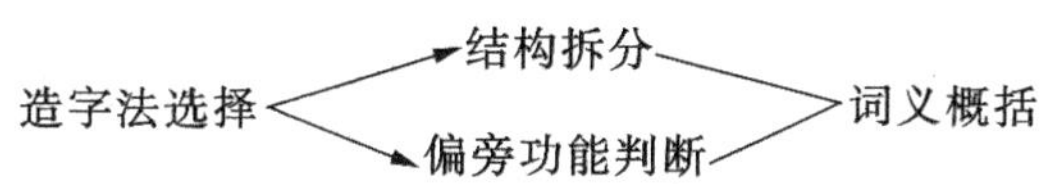

图 1-7　合体字静态结构分析逻辑原理

如图 1-7 所示，其逻辑顺序是：只有先预期选择造字法，才能根据造字法形成的需要进行结构拆分和偏旁功能的判断，因为结构拆分和偏旁功能判断必须以特定造字法的预期选择为条件。

如甲骨文“[京都二一一三]”，如果把造字法预期选择为形声，那么就可以拆分为从“(彳)”，“(导)”声。正如《说文・彳部》：“，行有所得也。从彳，导声。”可问题是，“从彳，导声”的形声字拆分不能支撑“行有所得也”这一词义概括，因为按照“半主形、半主声”的形声字学说，声旁是不表意的，只有形旁“彳”可借指行走以支撑“行有所得”之“行”，可“有所得”就没有依据了。可见，预期选择形声是有问题的。如果把“[京都二一一三]”的造字法预期选择为会意，那么可以把“[京都二一一三]”拆分为“(彳)”“(又)”“(贝)”，造字语言可理解为：在路上捡了钱财。词义可概括为“得到”。可见，按会意字预期与许慎“行有所得也”之说是相适配的。另外，还有一个选择，即会意兼形声，即把“[京都二一一三]”拆分为从“(彳)”，从“(导)”，“(导)”亦声。这种分析既利用了偏旁“(导)”的表意功能，也充分利用了偏旁“(导)”的表音功能，应该作为首选。

再如“[菁六・一]”，如果按形声来预期，那么就可以拆分为从“(彳)”，“(孚)”声。如《说文・人部》：“，军所获也。从人，孚声。《春秋传》曰：‘以为俘馘。’”但问题是按形声字所作的分析没能给“军所获也”提供任何依据，因为“从人，孚声”的形声结构分析中找不到与“军所获也”这一词义之间的任何联系，看来把“[菁六・一]”造字法预期选择为形声是说不通的。如果把“[菁六・一]”的造字法预期为会意，那么就可把“[菁六・一]”拆分为“(彳)”“(又)”“(子)”，这样可把造字语言理解为：途中俘虏了一个人。当然也可以按会意兼形声来预期，把“[菁六・一]”拆分为从“(彳)”，从“(孚)”，“(孚)”亦声。

总之，造字法分析逻辑原理是造字法与词义之间的选择性适配关系，但问题是静态结构分析的各个环节囿于既相互依存又相互制约的矛盾关系(以下简称“互限关系”)而不能自拔，致使视野受到限制，看不到汉字的本源之所在，因而说不清汉字形体的由来。如果汉字本源问题解决不了，那么汉字的构造就会成为无源之水、无本之木，造字法分析就失去了意义。由此可见，有必要对造字法分析的各个环节的逻辑关系进行深入反思以探求解决汉字形体由来的途径和方法。

第一，结构拆分与造字法预期选择之间的互限关系。

结构拆分是有条件的，一个合体字的结构怎么拆分才合适是有根据的，那么根据又是什么呢？说到底，结构拆分与造字法的选择之间是互限关系——我们既不能先于造字法的预期来拆分合体字的结构，也不能先于结构拆分而预期选择造字法。因为特定的造字法是通过偏旁组合来实现的，预期选择造字法之前需要了解该合体字是由哪些偏旁构成，所以结构拆分与造字法之间相互限制，这种互限关系必然会要求其他条件的介入。

如“得”，甲骨文作“[京都二一一三]”，《说文》小篆承甲骨文作“”。《说文·彳部》：“，行有所得也。从彳，导声。”但问题是，许慎是根据什么把“”拆分为“(彳)”和“(导)”两个偏旁的呢？难道是依据“行有所得也”这一词义概括（词义认知）么？好像不是，也应该不是，因为如果以词义概括为依据，那么词义概括的依据又是什么呢？再说“行有所得也”这一词义概括与“从彳，导声”的结构分析并不完全契合——“(彳)”与“行有所得也”中的“行”有关，因为“(彳)”是由“行”字省略部分而成的变体，专门表示行走，所以可以支撑“行有所得也”的“行”。可是声旁“(导)”在许慎“六书说”中是只表音不表意的，没法支撑“有所得也”。可见，“从彳，导声”的结构拆分不是以“行有所得也”这一词义概括（词义认知）为依据的。再说如果结构拆分是依据词义概括（词义认知）的话，那么，词义概括（词义认知）的依据是什么呢？词义应该是果，而不应该是因，因为造字法分析的目的应该是为词义概括（词义认知）寻找依据，如果预先知道了词义，那么造字法分析就没有必要了。从这个意义上来说，结构拆分似乎另有依据，那就是造字法预期选择，也就是说，许慎在拆分“”字之前预期选择了形声造字法，所以才把“”字拆分为“从彳，导声”两个偏旁，因为特定的造字法对偏旁的功能是有特定要求的。但问题是，许慎既然对“”字的造字法按形声字来预期判断，那么这个形声字预期选择的根据又是什么呢？似乎另有根源。

再如“森”，甲骨文作“[后下三·二]”或“[金四七二①]”，《说文》小篆统一字形作“”，隶变作“森”。《说文·林部》：“，木多皃。从林，从木。”王筠据玄应改为“多木长皃也”，并注：“言多者，三木也；言长者，木出于林上也。”①许慎基于“木多皃”的词义以林为部首，才把“森”字拆分为“从林从木”以强调森中树木之多。而王筠则以两种词义认知为前提选择了两种相应的拆分法：其一，基于“言多者”而把“森”拆分为“三木”以强调树木之多；其二，基于“言长者”而把“森”拆分为“木出于林上也”。王筠采用两种拆分法以支撑两种词义，可见合体字的拆分似乎是直接受制于合体字所表达的词义，那词义又是根据什么来概括（词义认知）的呢？该问题的指向肯定是汉字的本源，词义概括（词义认知）的依据是汉字的本源之所在。

第二，偏旁功能与造字法预期选择之间的互限关系。

任何一个偏旁到底是以何种功能参与合体字构造，说到底不是由偏旁自身所决定的，而是受造字法制约的；但反过来看，一个造字法的形成又必须有具有特定功能的偏旁的参与才行。所以造字法和偏旁的功能之间也是互限的关系。具体来说，偏旁的功能受限于造字法的限制，一个偏旁到底以何种功能参与合体字构造，最终是由特定的造字法所选择的，即偏旁的功能判断是以造字法的预期判断选择为认知前提。再反过来看，特定的造字法又需要由具有特定功能的偏旁构成，那么偏旁的功能判断的依据又会是什么呢？偏旁功能不能先于造字法预期选择之前作出判断，但也不能先于偏旁功能分析之前预先作出造字法的预期选择。这是因为偏旁功能以特定造字法的形成需要为根据，而特定的造字法的形成也需要具有特定功能的偏旁的参与为条件，所以偏旁的功能与特定的造字法之间这种互限关系必然会要求其他条件的介入，这也直接触及汉字的本源问题。

第三，造字法预期选择与词义概括（词义认知）之间的互限关系。

造字法判断与词义概括（词义认知）两者之间也是处于互限关系之

---

① 转引自《汉语大字典》（缩印本），四川辞书出版社、湖北辞书出版社1993年版，第1226页。

中——既不能先于造字法判断而作出字义概括，否则词义就成了无源之水和无本之木，但也不能先于词义概括（词义认知）而作出造字法的预期选择，否则会犯“屈形就义”的错误。造字法分析以词义概括（词义认知）为前提，而词义概括（词义认知）又必须以造字法为根据，两者之间的这种互限关系同样必然要求另辟蹊径来进一步探索汉字形体的本源之所在。

总之，静态结构分析模式中的各个因素之间处于互为前提但又互相限制的矛盾关系之中，限制了视野，忽视了汉字本源的探讨，分析来分析去，最终还是说不清汉字形体的由来。许慎在《说文》中提出的“六书说”，是一种静态结构分析模式，因囿于结构分析而屏蔽了汉字本源，这是以“先文后字说”为前提的静态结构分析模式本身的局限所致，从这个意义上来说，必须从本源角度出发，才能科学认识汉字形体的由来。

（二）构建造字语言和结构分析相结合的本源性汉字构形方式分析模式

1.许慎《说文》情景描述法的借鉴意义

许慎在《说文》中所采用的静态结构分析是有其局限性的，问题在于没有找到汉字本源之所在，所以说不清汉字形体的由来。那么，汉字的本源到底在哪儿？许慎本人也许深知基于“先文后字说”所提出的“六书说”是有其局限性的，所以也常采用“情景描述法”（简称“描述法”）来描述造字语言以弥补静态结构分析法的缺陷。如“采”，甲骨文作“[前五·三六·一①]”或“[铁二四二·一]”，《说文》小篆承甲骨文作“”。《说文·木部》：“采，捋取也。从木从爪。”“捋取也”是一种描述法，所描述的是先民在生活中用手从树上抓取树叶的生活体验，是通过“从木从爪”中的“木”“爪”两个偏旁来描述的。许慎虽然没有见过甲骨文，但“捋取也”的描述也很适合描述甲骨文“[前五·三六·一①]”或“

[铁二四二・一]”的构形方式。可见作为造字语言的描述法是一种本源性汉字构形分析方法，是值得借鉴的。本书拟借鉴许慎《说文》中的“情景描述法”，把甲骨文研究的视角引入认知实践之中以打造本源性甲骨文研究模式。

2. 建构本源性汉字构形方式分析模式

汉字源于认知实践，因认知实践的需要而产生，也将随着认知实践的发展而发展。如前文所述，造字语言分“抽象法”“描述法”“合意法”“类化法”和“标记法”等五种类型，可以从五种造字语言出发，把甲骨文的构形方式引入认知实践中以揭示甲骨文的构形方式从而构建本源性甲骨文构形分析模式。如果把本源角度提出的造字语言和许慎从“先文后字”角度提出的结构分析模式相结合的话，就能构建出一种本源性汉字构形方式分析模式（见图 1-8）：

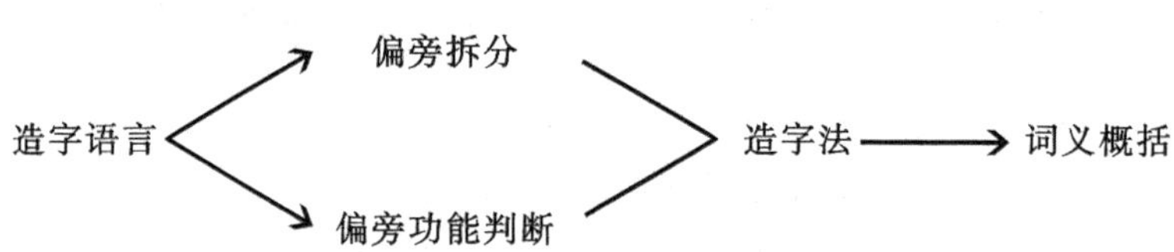

图 1-8　本源性汉字构形方式分析模式逻辑原理

首先根据汉字和认知实践的关系提出造字语言，以造字语言为认知前提来拆分偏旁并判断偏旁的功能，再通过结构拆分和偏旁功能判断以支撑造字法，最后通过造字语言和造字法来概括词义并与语境义相衔接。其实这也是语文学前提下的传统训诂学的基本思路。

(1)象形字本源性构形方式分析模式

木——甲骨文作“[甲三五一〇]”或“[后上一三・八]”。组合树木之树枝、树干和树根之特征而成字。象形。树木。

共分三个分析环节：其一，造字语言，即“组合树木之树枝、树干和树根之特征而成字”。其二，造字法的选择，即“象形”。其三，词义概括（词义认知），即“树木”。

禾——甲骨文作“[乙四八六七①]”或“[粹八]”等。组合庄稼茎叶、根和垂穗之状而成字。象形。庄稼。

共分三个分析环节：其一，造字语言，即“组合庄稼茎叶、根和垂穗之状而成字”。其二，造字法的选择，即“象形”。其三，词义概括（词义认知），即“庄稼”。

人——甲骨文作“[戬四一·六]”或“[甲八五四①]”等。描述人直立行走并摆动双手的姿势而成字。象形。人类。

共分三个分析环节：其一，造字语言，即“描述人直立行走并摆动双手的姿势而成字”。其二，造字法的选择，即“象形”。其三，词义概括（词义认知），即“人类”。

水——甲骨文作“[甲二四九一]”或“[前二·四·三]”等。描述河水流动之状而成字。象形。水流。

共分三个分析环节：其一，造字语言，即“描述河水流动之状而成字”。其二，造字法的选择，即“象形”。其三，词义概括（词义认知），即“水流”。

日——甲骨文作“[佚三七四]”或“[前四二九·五]”等。描画太阳轮廓而成字。太阳。象形。

共分三个分析环节：其一，造字语言，即“描画太阳轮廓而成字”。其二，造字法的选择，即“象形”。其三，词义概括（词义认知），即“太阳”。

月——甲骨文作“[京津五一六]”或“[粹六五九]”等。描画夕月轮廓而成字。象形。月亮。

共分三个分析环节：其一，造字语言，即“描画夕月轮廓而成字”。其二，造字法的选择，即“象形”。其三，词义概括（词义认知），即“月亮”。

牛——甲骨文作“[乙三三二八一]”或“[甲七九五]”。组合牛犄角、牛耳和尾巴之特征代替牛。象形。牛。

共分三个分析环节：其一，造字语言，即“组合牛犄角、牛耳和尾巴之特征代替牛”。其二，造字法的选择，即“象形”。其三，词义概括（词义认知），即“牛”。

羊——甲骨文作“[河三八七]”或“[甲二九〇四]”。组合羊犄角和羊耳之特征代替羊。象形。羊。

共分三个分析环节：其一，造字语言，即“组合羊犄角和羊耳之特征代替羊。”。其二，造字法的选择，即“象形”。其三，词义概括（词义认知），即“羊”。

上述例证所展示的象形字本源性构形方式分析模式为（见图 1-9）：

造字语言 ——→ 造字法 ——→ 词义概括

图 1-9　象形字分析模式

（2）指事字本源性构形方式分析模式

二——甲骨文作“[乙二二四三反①]”。上横指天，下横指地。天地之数。指事。两个一相加之和。

共分四个分析环节：其一，造字语言，即“上横指天，下横指地”。其二，结构拆分，即把“二”拆分为两个标记“一”。其三，造字法，即“指事”。其四，词义概括（词义认知），“天地之数”，即“两个一相加之和”。

亦——甲骨文作“[前七·四·三]”，隶变作“亦”。甲骨文在“（亣）”两腋之处加“/ \”以标记腋窝。指事。腋窝；也。

共分四个分析环节：其一，造字语言。即在“（亣）”两腋之处加“/ \”以标记腋窝。其二，结构拆分，即把“亦”拆分为“（亣）”和“/ \”。其三，造字法，即“指事”。其四，词义概括（词义认知），即“腋窝；也”。

天——甲骨文作“[乙三〇〇八①]”，隶变作“天”。在大之上加一标记头顶。指事。本为人头顶，引申为凡高于人头者。

共分四个分析环节：其一，造字语言，即“在大之上加一标记头顶”。其二，结构拆分，即把天拆分为“大”和“一”。其三，造字法，即“指事”。其四，词义概括（词义认知），即“本为人头顶，引申为凡高于人头者”。

上述例证所展示的指事字本源性构形方式分析模式为（见图1-10）：

造字语言 ⟶ 结构拆分 ⟶ 造字法 ⟶ 词义概括

图 1-10 指事字分析模式

(3)会意字本源性构形方式分析模式

春——甲骨文作“[粹一一五一]”。春日融融，小草从土里钻了出来。从“（艸）”“（屯）”，从“（日）”。会意。春季。

共分五个分析环节：其一，造字语言，即“春日融融，小草从土里钻了出来”。其二，结构拆分，即“从“（艸）”“（屯）”，从“（日）”。其三，偏旁功能判断，即“从……”表明“（艸）”“（屯）”和“（日）”都是形旁。其四，造字法，即“会意”。其五，词义概括（词义认知），春季。

灾——甲骨文作“（诚明二）”。描述屋中失火之状。从“（宀）”“（火）”。会意。灾情（火灾、水灾等）。

共分五个分析环节：其一，造字语言，即“描述屋中失火之状”。其二，结构拆分，把“灾”拆分为“（宀）”和“（火）”两个偏旁。其三，偏旁功能判断，即“从……”表明“（宀）”“（火）”都是形旁。其四，造字法，“会意”。其五，词义概括（词义认知），灾情。

焦——甲骨文作“[屯南四五六五①]”。描述鸟在火上被烧焦之状。从“（隹）”“（火）”。会意。烧焦。

共分五个分析环节：其一，造字语言，即“描述鸟在火上被烧焦之状”。其二，结构拆分，即把“（焦）”拆分为“（隹）”和“（火）”两个偏旁。其三，偏旁功能判断，即“从……”表明“（隹）”和“（火）”都是形旁。其四，造字法选择，即“会意”。其五，词义概括（词义认知），烧焦。

上述例证所展示的会意字本源性构形方式分析模式为（见图1-11）：

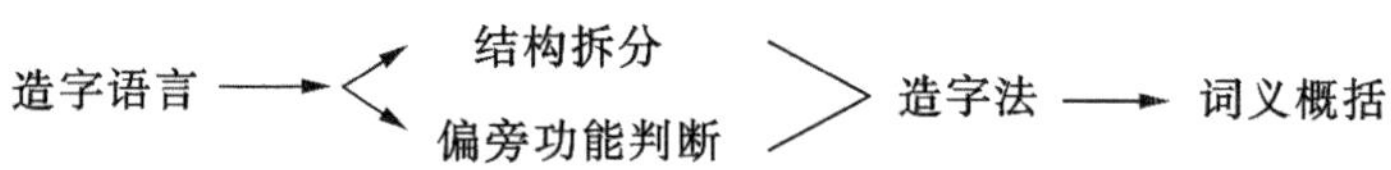

图1-11　会意字分析模式

需要特别强调的是，词义概括（词义认知）是指以造字语言和造字法为认知前提的。如：

赤——甲骨文作“[乙二九〇八]”。从“（大）”在“（火）”上。如果着眼于“火上之大”则意为人被火烧光了，可理解为赤裸裸或赤贫；如果着眼于“火”则意为火色，可理解为火红色。从“（大）”“（火）”。会意。词义概括（词义认知）为：赤裸裸或火红色。

夜——甲骨文作“[周原卜甲①]”。从“（月）”在“（亦）”下。如果着眼于“（月）”则借指夜晚，夕月出现于西方之时就是夜晚；如果着眼于“（亦）”，则表示腋窝。词义概括（词义认知）为：夜晚、腋窝。

（4）形声字本源性构形方式分析模式

形声字可根据声旁表意与否分为两类：声旁表音的形声字和声旁表意兼表音的形声字。

①声旁表音的形声字的本源性构形方式分析模式

狼——甲骨文作“[前六四八·四①]”。狼。从“（犬）”，“（良）”声。从“”（犬，隶变后常偏旁化作“犭”）表示犬类长脊椎动物之属。“（良）”

声，区别符号。

分析步骤如下：其一，词义概括（词义认知），狼。其二，结构拆分，用“从……”和“……声”把“（狼）”字拆分为“（犬）”和“（良）”两个偏旁。其三，偏旁功能判断，“从‘（犬）’，‘（良）’声”中的“从……”表明“（犬）”是形旁，而“……声”表明“（良）”是声旁。其四，造字法的选择，“从‘（犬）’，‘（良）’声”表明“（狼）”是由形旁“（犬）”和声旁“（良）”构成的形声字。其五，造字语言，即从“（犬）”表示犬类常脊椎动物之属，“（良）”，声旁，区别符号。

河——甲骨文作“[甲二四九一①]”。黄河。从“（水）”，“（何）”声。从“（水）”表示河流之属。“（何）”，声旁，区别符号。

分析步骤如下：其一，词义概括（词义认知），黄河。其二，结构拆分，“从‘（水）’，‘（何）’声”表明把“（河）”拆分为“（水）”和“（何）”两个偏旁。其三，偏旁功能的判断，“从‘（水）’，‘（何）’声”中的“从……”表明“（水）”是形旁，而“（何）”声表明“（何）”是声旁。其四，造字法的选择，“从‘（水）’，‘（何）’声”表明“（河）”是由形旁“（水）”和声旁“（何）”构成的形声字。其五，造字语言，即从“（水）”表示河流之属，“（何）”，声旁，区别符号。

达——甲骨文作“[存二〇一一]”。到；实现。从“（辵）”，“（大）”声。从“（辵）”表示行走。“（大）”，声旁，区别符号。

分析步骤如下：其一，词义概括（词义认知），即“到；实现”。其二，结构拆分，“从‘（辵）’，‘（大）’声”表明把“（达）”拆分为“（辵）”和“（大）”两个偏旁。其三，偏旁功能判断，“从‘（辵）’”之“从……”表明“（辵）”是形旁，而“（大）”声表明“（大）”是声旁。其四，造字法选择，“从‘（辵）’，‘（大）’声”表明“（达）”是由形旁“（辵）”和声旁“（大）”构成的形声字。其五，造字语言，即从“(辶)”表示行走，“(大)”，声旁，区别符号。

声旁表音的形声字本源性构形方式分析模式为(见图 1-12)：

词义概括 → 结构拆分 / 偏旁功能判断 → 造字法 ——→ 造字语言

图 1-12　声旁表音的形声字分析模式

②声旁表意兼表音的形声字本源性构形方式分析模式

逆——甲骨文作“[续三·六·六]”。逆行、悖逆。从“(辶)”，从“(屰)”，“(屰)”亦声。从“(辶)”表示与行走有关，从“(屰)”表示相反、相悖，“(屰)”亦声。

分析步骤如下：其一，词义概括，逆行、悖逆。其二，结构拆分，把“(逆)”拆分为“(辶)”和“(屰)”两个偏旁。其三，偏旁功能判断，“从‘(辶)’”和“从‘(屰)’”中的“从……”表明“(辶)”和“(屰)”是形旁，而“(屰)”亦声。其四，造字法选择，会意兼形声。其五，造字语言，即从“(辶)”表示与行走有关，从“(屰)”表示相反、相悖，“(屰)”亦声。

得——甲骨文作“[京都二一一三]”。得到。从“(彳)”，从“(导)”，“(导)”亦声。从“(彳)”表示行走之时，从“(导)”表示得到，“(导)”亦声。

分析步骤如下：其一，词义概括，得到。其二，结构拆分，即把“(得)”拆分为“(彳)”和“(导)”两个偏旁。其三，偏旁功能判断，“从‘(彳)’，从‘(导)’，‘(导)’亦声”表明“(彳)”和“(导)”都是形旁，而“(导)”亦声。其四，造字法选择，“从‘(彳)’，从‘(导)’，‘(导)’亦声”中的“从……”和“……声”表明“(得)”是会意兼形声字。其五，造字语言，即从“（彳）”表示行走之时，从“（导）”和“（导）”亦声表明“（导）”既表意也兼表音。

娶——甲骨文作“[菁一·一①]”。娶亲。从“（女）”，从“（取）”，“（取）”亦声。从“（女）”表示与女性有关，从“（取）”表示得到，“（取）”声旁。

分析步骤如下：其一，词义概括，娶亲。其二，结构拆分，即把“（娶）”拆分为“（女）”和“（取）”两个偏旁。其三，偏旁功能判断，“从‘（女）’，从‘（取）’，‘（取）’亦声”则表明“（女）”是形旁，而“（取）”是形旁兼声旁。其四，造字法选择，“（娶）”是会意兼形声字。其五，造字语言，即从“（女）”表示与女性有关，从“（取）”表示得到，“（取）”亦声。

声旁表意兼表音的形声字本源性构形方式分析模式为（见图 1-13）：

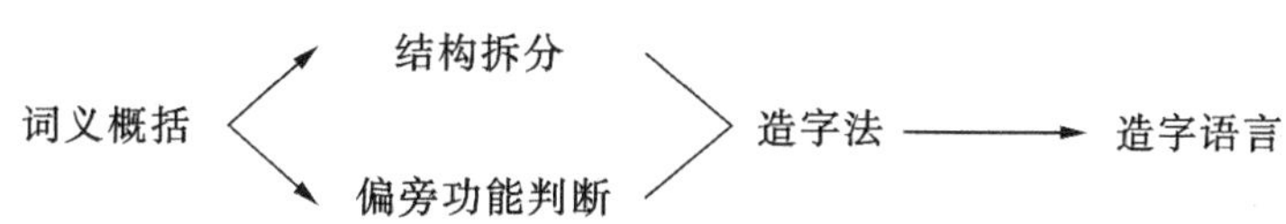

图 1-13　声旁表意兼表音的形声字分析模式

综上所述，把造字语言和结构分析相结合建构本源性构形方式分析模式，从汉字形体本源出发，旨在把汉字构形方式引入认知实践之中，从汉字形体和认知实践的关系出发来揭示汉字形体由来，可弥补静态结构分析模式本源缺失之不足。

第二节　甲骨文字理文化研究

运用造字语言和静态分析模式相结合所构建的本源性构形方式分析模式，把甲骨文构形方式引入认知实践之中去考察以还原甲骨文原始的造字原理，就可以凸显出甲骨文形体之中所蕴含的文化及文化知识和文化思想，所以有必要进一步探究甲骨文字理文化研究方法，从而构成甲骨文之文化学研究及甲骨文文化教学模式。

一、甲骨文字理文化研究方法

甲骨文不仅是民族文化的“基因”，而且也是民族文化的“活标本”“活教材”。甲骨文之文化，除甲骨卜辞记载的文化之外，更为重要的是甲骨文造字理据之中所蕴含的丰富的民族文化，我们称之为“甲骨文字理文化”。研究并传承甲骨文字理文化，对于传承民族文化以增强民族文化自信和中华文化国际影响力来说，具有不可或缺的重要价值。下面本书将重点探讨甲骨文字理文化研究的方法。

（一）对甲骨文字根进行文化学分类，系统梳理其中所蕴含的民族文化知识

1. 甲骨文字根的文化学类型

甲骨文字根是先民在认知实践中为记认事物从而取某类事物特征而成字的，当取某类事物特征而成字时，就会把对事物的认知固化为汉字文化以内化于人脑并使同他人交流成为可能。为了梳理甲骨文字形中所固化的文化系统，我们拟从取形对象角度出发对甲骨文字根进行文化类型划分。据考察，甲骨文字根是分别取以天、地、人三才为中心所展开的九类事物而成字的（参见前文图 1-4）。先民在认知实践中提取以上九类事物特征而成字时，自然就会把事物及体验生活的过程和结果固化在字根之中以形成甲骨文字理文化知识。

2. 甲骨文字根文化知识体系分析

以天、地、人三才为核心所展开的九类字根中，蕴含着由汉字形体所呈现的文化知识体系，反映着先民的认知视野，这是民族文化传承的重要内容之一。

(1)天文知识

先民取天文类事物之形而成字以记认天体，那么就会固化对天体的认知形成天文知识。字根中的天文知识分为“天体知识”和“天象知识”两个方面：

①天体知识

“三光者，日月星。”先民发现天上共有三种发光的星体，于是取发光的星体之形而成字——描画太阳轮廓造“[佚三七四]”(日)、描画弦月轮廓造“[粹六五九]”(月)和描画三颗星体之形造“[甲六七五]”(星)以固化对发光星体的直观认知，这在一定程度上反映着先民对天文学的认知水平。

②天象知识

先民描绘水汽升天变成云朵的过程而造甲骨文“[存下九五六①]”(《说文》古文作“”)以记认云朵。“(云)”，描述水汽升空变成云朵之原理而成字。从“”(古上字)表示天空，而“”则表示水汽翻卷着上升之状。可见“”或“”等字，体现着先民对云朵形成过程的认知。另外，先民通过模拟雨点下落之轨迹而造甲骨文“[铁三二·三]”。民间有字谜曰：“千条线，万条线，落到水里都不见。”这一字谜正是先民在下雨时所观察到的雨点下落状态的生动写照。下雨时往往电闪雷鸣，于是先民模仿闪电之形造“[佚三二]”或“[铁一六三·四①]”等。而打雷没法取形造字，但打雷时有闪电并降落雨点，于是先民取闪电和下落雨点之形造“[前四·二·一]”(雷)。总之，上述各字都是先民观察天象所造，其中反映着先民对于天象的认知水平。

(2)地理知识

先民通过提取地面上的事物特征而成字以固化先民对大地及万物的认知从而形成地理知识，共包括“地理景观”“动物知识”和“植物知识”等。

①地理景观

先民通过造“[前七三六·一]”（土）、“[甲三六四二]”（山）和“[甲二四九一]”（水）等字以固化观察大地所形成的地理景观知识。

土——甲骨文作“[前五·一〇·二]”或“[前七·三六·一]”等，描述地面有物体向上突起之状而成字以记认大地。《说文》小篆作“”。《说文·土部》：“，地之吐生物者也。二象地之下、地之中，物出形也。”这是先民对大地形成的过程以及大地“厚德载物”之德的深刻认识。

“（山）”——描述山峦连绵之状而成字以记认山峦。《说文》小篆作“”，隶变作“山”。

“（水）”——描述水流流动之状而成字以记认水流。《说文·水部》：“水，准也。北方之行。象众水并流……”许慎之“众水并流”之说意在描述水流动的特征。《说文》小篆作“”，隶变作“水”。

②动物知识

由于先民早期以捕猎为生，对动物较为熟悉，所以就提取动物之形体特征而成字以固化动物知识。

第一类，陆地动物知识。

陆地野生动物知识如：

龙——甲骨文作“[乙七六一〇反]”或“[前四·五三·四]”，描述蛇头顶戴辛（同“辛”）之状以象征至高无上的权力和地位。从蛇以表示麟虫之属，从辛表示权力和地位。辛（同“辛”），甲骨文作“[前·八三·一]”或“[后下三六·七①]”。郭沫若《甲骨文字研究》：“辛、辛实本一字……字乃象形，由其形象以判之，当系古之剞劂。《说文》云：‘剞劂，曲刀也。’”“其所以转为愆、辠之意者，亦有可说。盖古人于异族俘虏或同族中之有罪而不至于死者，每黥其额而奴使之……余谓此即黥形之会意也。有罪之意无法表示，故借黥形以表示之，黥刑亦无法表现于简单之字形中，故借施黥之刑具剞劂以表现之。”①按：据郭老之说，辛、㚔属借“黥刑之刑具”来代替罪人。那么，龙头戴“黥刑之刑具”以表示生杀之权并宣示至高无上之地位。《说文》小篆作“”，简化字作“龙”。

虎——甲骨文作“[余一七·一①]”或“[乙二九〇八]”，乃描画虎的轮廓并突出巨口獠牙使人恐惧之状。甲骨文或作“[乙八〇一三①]”（虍），组合虎的眼睛和巨口獠牙之状，这是因恐惧而产生的崇拜意识的写照。《说文》小篆作“”，隶变作“虎”。

象——甲骨文作“[粹六一〇]或“[乙九六〇①]”，描画象的轮廓并突出卷鼻子之状。《说文》小篆作“”，隶变作“象”。

豸——甲骨文作“[前四五三·一]”（豸），描画长脊椎并张巨口之状。《说文》小篆作“”，隶变作“豸”。

虫——甲骨文作“[前四五三·一]”“[铁四六·二]”或“[戬二·一〇①]”，描画蛇蜿蜒行走之状。《说文》小篆作“”，隶变作“虫”。

鹿——甲骨文作“[乙三〇八]”或“[京津一四九一]”，描画鹿的轮廓并突出枝状犄角之状。《说文》小篆作“”，隶变作“鹿”。

六畜知识如：

马——甲骨文作“[一九〇九二]”或“[京津一六八六]”，描画马的轮廓而成字。《说文》小篆作“”，隶变作“马”。

牛——甲骨文作“[乙三三二八一]”或“[甲七九五]”等，提取牛犄角及牛耳和尾巴之形以代替牛。《说文》小篆作“”，隶变作“牛”。

羊——甲骨文作“[河三八七]”或“[甲二九〇四]”等，提取弯弯的羊犄角及羊耳之形以代替羊。《说文》小篆作“”，隶变作“羊”。

---

① 转引自《汉语大字典》（缩印本），四川辞书出版社、湖北辞书出版社1993年版，第4036页。

犬——甲骨文作“[佚八一]”“[前七三·三]”或“[甲四〇二]”，描画犬的轮廓，主要突出卷尾巴的特征。《说文》小篆作“”，隶变作“犬”。

豕——甲骨文作“[前四·二七·四]”，描画彘的轮廓并突出短尾之状。《说文》小篆作“”，隶变作“豕”。

第二类，鸟类知识。

鸟——甲骨文作“[乙六六六四]”“[甲二九〇四]”或“[子作弄鸟]”等，主要组合尖嘴巴、有翅膀以体现其会飞的特征。《说文》小篆作“”，隶变作“鳥”，简化字作“鸟”。

隹——甲骨文作“[佚五一八背]”或“[甲九三六]”等，描画尖嘴巴、有翅膀等以体现其会飞的特征。《说文》小篆作“”，隶变作“隹”。

第三类，水生动物知识。

鱼——甲骨文作“[佚八一二]”或“[前四·五五·七]”，描画鱼头、鱼鳍和鱼尾等以显示其会游泳的特征。金文作“[古鉥]”或“[古鉥]”，概括鱼尖头、有鱼鳍和鱼尾以显示游水的特征。《说文》小篆作“”，隶变作“魚”，简化作“鱼”。

龟——甲骨文作“[甲九八四]”“[京津二二〇①]”或“[前七·五·二]”等，金文或作“[龟父丙鼎]”，描画侧面或正面龟的形体特征。《说文》小篆作“”，隶变作“龜”，简化作“龟”。

贝——甲骨文作“[前五·一〇·二]”或“[佚八三五]”，描画扇贝张开两扇贝壳之状。《说文》小篆作“”，简化字作“贝”。

按照动物特性分“陆地动物”“鸟类”“水生动物”这三大类，可以反映出甲骨文时期先民的动物知识水平。需要强调的是，先民把驯养的六畜全部取形成字以展示造字时畜牧业发展状况，所以我们在此将其单独划分为一类。社会发展到农耕时代，人们开始定居并且开垦土地生产粮食，因有了余粮可喂养牲畜，所以才有条件发展畜牧业，于是甲骨文造“[前七·四·二]”“[京津二一五二]”和“[京津二一五二]”字以呈现当时家庭养殖业发展状况。如“[前七·四·二]”（家），从“（宀）”，从“（豕）”。意为：家中养豕。这说明豕是较早被驯化并养殖的家畜之一。可见“（家）”可表明造字时期养殖业的发展水平。中国古代家庭中大多养殖马、牛、羊、犬、豕和鸡这六种家畜，所以称之为“六畜”，这是几千年前家庭养殖业发展状况的真实写照。

③植物知识

先民取不同的植物特征造出“[甲三五一〇]”（木）、“[佚八四]”（屮）和“[乙四八六七①]”（禾）等几个字根来记认所认识的植物范畴并由此形成植物知识，这反映出造字时先民对植物类型的认知水平。

木——甲骨文作“[甲三五一〇]”或“[后上一三·八]”等，概括树木之树枝、树干和树根这些共性特征而成字以记认树木。《说文》小篆作“”，隶变作“木”。

屮——甲骨文作“[佚八四]”，概括小草的特征而成字以记认草等植物。《说文》小篆作“”，隶变作“屮”。

禾——甲骨文作“[粹八]”或“[乙四八六七①]”等，描述庄稼垂穗之状而成字以记认稻谷等庄稼。《说文》小篆作“”，隶变作“禾”。

需要强调是，先民单独造“（禾）”来记认庄稼，这反映出了农耕时代种植业的发展状况。

(3)人的知识

①人体知识

先民“近取诸身”而成字以记认整体人形、器官及肢体等从而形成关于人的知识。

第一类，人形知识。

甲骨文取整体人形而成字从而形成人形知识。如：

人——甲骨文作“[戬四一·六]”或“[甲八五四①]”等，描述人侧面直立行走的特征而成字以记认人类，直立行走是人与其他动物最直观最本质的区别。《说文》小篆作“”，隶变作“人”。

女——甲骨文作“[铁一六四·一]”，描述女性从事家务劳动(如纺织、做饭等)的姿势而成字以体现古代女性的社会分工。中国古代男女的区别在于社会分工的不同，一般是女主内、男主外。

男——甲骨文作“[京津二二三]”，从“(田)”，从“(耒)”，意为耕田者为男。《说文》小篆作“”，隶变作“男”。

大——甲骨文作“[粹一七二]”或“[粹一七二]”，乃取人正面站立之形而成字以记认人。《说文》小篆作“”，隶变作“大”。“大”作为字根常表示人，如“(立)”，描述人站立于地面之状。

第二类，感官知识。

取人的感官之形而成字以固化感官知识。如：

目——甲骨文描画人眼睛轮廓作“[甲二一五]”来记认人的眼睛。又因眼睛属视觉器官，所以常从目作部首表示视觉，如“[后下二·一]”(见)，《说文》小篆作“”。《说文·见部》：“，视也。从儿从目。”从目表示视觉。隶变作“見”，简化字作“见”。

自——甲骨文描画鼻子作“(自)”以记认鼻子。因鼻子属嗅觉器官，所以就常从自作部首表示嗅觉。如“臭”，《说文》小篆作“”，隶变作“臭”。《说文》：“，禽走，臭而知其迹者，犬也。”犬的嗅觉灵敏，所以从自、从犬表示嗅觉。

耳——甲骨文描画耳朵轮廓而作“[后下一五·一〇]”或“[后上三〇·五]”以记认耳朵，因耳朵属听觉器官，所以常作部首表示听觉。如“

[后下三〇・一八①]”(聽,简化字作“听”),从“(口)”,从“(耳)”,因声音发之于口,所以从“口”,声音听之于耳,所以从“(耳)”表示听觉。

舌——甲骨文描画舌头之形作“[乙二二二八八]”以记认舌头。因舌头属辨味器官,所以常作偏旁表示味觉。如“甜”就从舌表示味觉。《说文》小篆作“”,隶变作“舌”。

第三类,肢体知识。

取人肢体之形而成字记认肢体从而形成人的肢体知识。人的肢体主要包括头部和手、足。

首——甲骨文作“[前六・七・一]”,《说文》小篆作“”,隶变作“首”。《说文・首部》:“,百同。古文百也。巛象发,谓之鬈,鬈即巛也。”按:首与百同。

又——甲骨文作“[粹一九四]”,取右手之形而成字以记认手。如甲骨文“[粹六六五]”(及),描述从后面用手抓住前面人之状。《说文》小篆作“”,隶变作“及”。《说文・又部》:“,逮也。从又从人。”

止——取足趾之形而造“[甲二七四四]”以记认脚趾。《说文》小篆作“”,隶变作“止”。

足——甲骨文作“[前四・四〇・一]”或“[乙三一八四]”,取膝盖骨到脚趾之形而成字以记认足部。

②生活和劳动知识

第一类,衣、食知识。

衣——先民取衣服之形作“[前一・三〇・四]”以记认衣服。《说文》小篆作“”,隶变作“衣”。《说文・衣部》:“,依也。上曰衣,下曰裳。”

食——甲骨文作“[甲一二八九]”或“[乙六三八六反]”等。“(食)”,

从“（亼）”，从“（皀）”，表示食物，因食物之形复杂难以取形，于是就描画盛食物的器皿以记认食物。“（皀）”乃描画食器中有食物之状。“（食）”从“（亼）”表示全部。《说文》小篆作“”，隶变作“食”。

第二类，房屋、建筑知识。

宀——甲骨文描画尖顶房屋之状而成字作“（宀）”以记认房屋。《说文》小篆作“”，隶变作“宀”。如“家”，甲骨文作“[前七·四·二]”“[京津二一五二]”或“[京津二一五二]”等，描述屋中饲养豕状，豕为六畜之首，代表所养殖的家畜，这是农耕文明的写照。《说文》小篆作“”，隶变作“家”。

邑——甲骨文作“[燕一七九]”或“[粹一二一三]”，《说文》小篆作“”。《说文·邑部》：“，国也。从囗；先王之制，尊卑有大小，从卪。凡邑之属皆从邑。”《汉语大字典》按：“朱芳圃《甲骨学》引叶玉森曰：‘（卜辞邑）从囗象畺城。（下面）象人跽形，乃人之变体，即指人民。有土有人，斯成一邑。’”[①]按：邑，城。古代把城称作“国”。

或——甲骨文作“[铁二七·三]”或“[前二·六·五]”，金文或作“[保卣]”，《说文》小篆承甲骨文作“”。《说文·戈部》：“，邦也。从囗从戈，以守一。一，地也。”按：或，国的古字。《说文·邑部》：“邦，国也。从邑，丰声。”

第三类，交通知识。

古代交通分陆路交通和水路交通。

陆路交通有车辆，如：

舆——甲骨文作“[佚九四五]”或“[前五·六·六①]”，《说文》小篆承甲骨文作“”，隶变作“輿”，简化作“舆”。《说文·车部》：“，车舆也。从

① 转引自《汉语大字典》（缩印本），四川辞书出版社、湖北辞书出版社1993年版，第3753页。

车,舁声。”

车——甲骨文作“[铁一六〇·三]”,描画车有两轮和车厢之形而成字以记认陆路交通工具,古代也用作战车。金文作“[盂鼎]”,描述两人拉车之状;或作“[应公簋]”,《说文》小篆承之作“車”,隶变作“車”,简化作“车”。《说文·车部》:“車,舆轮之总名。夏后时奚仲所造。象形。”按:“舆轮”,靠轮子转动行走的车。

水路交通靠舟船,如:

舟——甲骨文作“[前七·二一·三]”,描画舟的俯视图以记认水路运输工具。

方——甲骨文作“[前五·二三·二]”,描画船头上放着一只桨之状。

第四类,劳动知识。

农耕知识——先民常取农具和田地之形而成字以记认农耕知识。如甲骨文中有“[乙八八九三]”(力),乃描画耕地犁耙之状而成字,这是农耕技术的发展状况的写照。另,甲骨文有“[后上二一·五]”(田)字,表明当时耕地治理水平。

捕猎知识——先民取捕猎工具之形而成字来记认捕猎知识。如“[邺三下·三九·一一①]”(干)、“[前五·七·二]”(弓)、“[甲三一一七]”(矢)和“[后下八·一二①]”(网)等。以上既是捕猎工具,其实也是战争的武器。“(网)”的用处更多,可“(罗)”雀、可捕鱼。如“(渔)”,手拿渔网捕鱼。

家庭养殖知识——除了“(家)”中养“(豕)”“(马)”“(牛)”“(羊)”“(犬)”等牲畜之外,还养“(蚕)”缫“(糸)”,这表明了当时养蚕技术和丝绸业的发展状况。

第五类,数字知识。

甲骨文中有十个数字符号,即“(一)”“(二)”“(三)”“

(四)”“(五)”“(六)”“(七)”“(八)”“(九)”和“(十)”。

上述甲骨文字根囊括了以天、地、人三才为核心展开的九大类知识,清楚地反映出先民在劳动和生活中创造的文化知识水平,先民通过造字记认这些文化知识并通过识字代代流传。

(二)还原合体字造字语言,挖掘民族文化知识的内涵

要挖掘甲骨文中蕴含的民族文化,就必须还原原初的造字语言,因为只有还原原初的造字语言才能复原历史原貌,才能挖掘其中蕴含着的文化内涵。这就必须把造字理据的分析模式变革为本源性分析模式,才能从本源角度来探究字理文化内涵,才能为民族文化传承服务。如“渔”,《说文》:“渔。捕鱼也。从鱼从水。”许慎之“捕鱼”之说是一种概括的分析方法,掩盖了捕鱼的过程,也就屏蔽了捕鱼的知识。如果依据甲骨文形体把“渔”字的造字情景还原出来,就可以清楚地展示出渔业知识,即“渔”字的甲骨文有“”“”和“”这三个字形——,手持鱼竿钓鱼;,用手撒网捕鱼;而“”,鱼在水流之外,旨在说明让鱼离开水流的方法都算是捕鱼的方法,这是对捕鱼方法的概括认知。甲骨文一个“渔”字之所以有多个字形就是为了展示捕鱼的技艺。因此从本源角度来还原甲骨文的造字语言,才能挖掘出其中的民族文化,才能实现民族文化传承的目标。

(三)系联甲骨文字族,系统模拟民族文化史

创新甲骨文合体字系联方法,所谓的“系联方法”就是根据某种联系把相应的字组合成“字族”的方法。我们拟在许慎“据形系联”的基础上,创新“情景系联法”“相关系联法”和“同类系联法”等方法,根据某种需要把相关的甲骨文串联成一个字族,以系统地还原当时的造字情景,彰显民族文化。例如以“感恩母爱”为话题就可以串联一个字族,编纂一个故事来彰显母爱以便于进行感恩教育,讲解如下:

字族：(母)、(育)、(子)、(乳)、(保)。

情景故事：(母)亲，十月怀胎，千辛万苦，百般呵护，终于生“(育)”了孩“(子)”。孩子饿了，妈妈就给他喂“(乳)”。忙的时候，妈妈就“(保，背着)”孩子劳动。

再如以“丝绸文化”为话题就可以组合字族编纂一个文化故事，讲解如下：

古代“(女)”性“(采)”“(桑)”养“(蚕)”，缫“(糸)”织成布“(帛)”，给家人做“(衣)”服。几千年前，养蚕技术催生了丝织技术，丝织技术催生了丝绸文化，丝绸文化带动了商贸业的产生和发展。如《诗经·氓》：“氓之嗤嗤，抱布贸丝。”其中“抱布贸丝”就是当时用布换丝的以物易物商贸活动的生动写照。商贸业发展催生了丝绸之路，促进了世界经贸繁荣和各国人民的交流。

变革甲骨文研究方法，采用动态还原法还原甲骨文的造字情景，就可以挖掘出甲骨字理文化知识以还原古代文化史，并用之打造汉字文化教育新模式以提升民族文化自信，这对于亟待弥补文化断代从而建设文化强国的新时代来说具有重要意义。

二、甲骨文文化思想研究

先民在认知实践中，用线条记认认知事物和经验生活的内容而成字的同时，也会把对世界、人生的看法以及价值观等渗透在字形之中形成文化思想，还原甲骨文造字语言就能挖掘出字形中所蕴含的文化思想。

（一）宇宙观

“—[前四·四七·六]”(一)——《说文》小篆作“—”，隶变作“一”。《说文·一部》：“—，惟初太始，道立于一，造分天地，化成万物。”按：一，宇宙先天混沌状态，也指万物之初始。宇宙万物都是从宇宙先天混沌状态演变而来的，即“造分天地，化成万物”。

“[乙二二四三反①]”(二)——《说文》小篆作“”，隶变作“二”。《说文·二部》：“，地之数也。从偶一。”按：二非许慎所说“地之数也”，乃天地之数，是由宇宙先天混沌之“一”通过“造分天地”分化出的天和地，即轻清者上升则为天，重浊者下沉则为地，如《说文·二部》：“亟……二，天地也。”

“[粹五二四]”(气)——作为先天之气的“[前四·四七·六]”。通过开天辟地，分化出天和地，“”上为天，“”下为地，中间短横“”标记先天混沌之气。金文“(齐后壶)”上横上翘指天，下横下弯指地，小篆承之作“[说文小篆]”，隶变作“气”。气为宇宙之本源，宇宙万物乃气之所化——聚则成形，散则成气。

(二)天人合一思想

亟——甲骨文作“[篮杂一三〇]”，上横“”指天，下横“”指地，中间“(人)”立于天和地之间，天人合一，人是宇宙的一部分。

王——甲骨文作“[菁二·一]”，金文作“(盂鼎)”，《说文》小篆作“”，隶变作“王”。《说文·王部》：“，天下所归往也。董仲舒曰：‘古之造文者，三画而连其中谓之王。三者，天、地、人也，而参通之者王也。’孔子曰：‘一贯三为王。’”按：据孔子所谓的“一贯三为王”和董仲舒“参通之者王”之说，可理解为能通天、地、人之道者为王。

(三)崇拜意识

崇拜常常是因惧怕而产生的，即望而生畏，因畏惧而生敬，然后因敬而崇拜。如：

虎——甲骨文作“[余一七·一①]”或“[乙二九〇八]”，描画虎的轮廓而突出巨口獠牙，让人敬畏，是崇拜意识的表现。

龙——甲骨文作“[乙七六一〇反]”，描述“(蛇)”张着巨口而头顶上有“(辛)”之状而成字。龙，蛇身，所以从“(蛇)”，而头顶上之“(辛)”表示崇高地位。

凤——甲骨文作“[掇二·一五八]”，描述“(鸟)”头顶上有“(辛)”以表示施刑之崇高权力，因“(辛)”乃“施黥刑之剞劂”，象征崇高的地位。

示——甲骨文作“[后上一·二]”“[甲二八二]”或“[前二·三八·二①]”，《说文》小篆统一字形作“”，隶变作“示”。《说文·示部》：“，天垂象，见吉凶，所以示人也。从二。三垂，日月星也。观乎天文，以察时变。示，神事也。”按：因“天垂象”乃超人力的自然现象，故而使人生敬畏之心，因敬畏而产生崇拜意识，所以其被当作“神事也”看待，其实是崇拜意识的体现。

申(神)——甲骨文作“[铁一六三·四①]”或“[佚三二]”，本描画闪电形状而成字，由于雷电现象超出人的认知，人因生敬畏之心并进而产生崇拜意识，以至于将其视为神灵之事。《说文》小篆作“”。《说文·申部》：“，神也。”按：今字增示部作“神”。其实“神”是崇拜意识的产物。

(四)仁爱、互助

丞——甲骨文作“[铁一七一·三]”，描述一个人掉进凵中被另一个人用双手拉出来的情景。这是“一方有难，八方支援”的中华美德的体现。

爰——甲骨文作“[乙七〇四一反]”，《说文》小篆作“”，隶变作“爰”。《说文·受部》：“，引也。从受从于。”甲骨文或作“[乙三七八七①]”，描述用手持一物交给另一人之状，援助之意。爰，后增“扌(手)”部作“援”。

仁——甲骨文作“[前二·一九·一①]”，从人、二(古上字)。以人为上，以人为贵，尊重人的价值。所谓的“仁者爱人”之说，其实是尊重人价值的体现。

祐——甲骨文作“[后下二一·四)”或“[甲二四〇]”，《说文》小篆作

“”，隶变作“祐”。《说文・示部》：“，助也。从示，右声。”按：右，祐和佑的古字，相助之意。《说文・口部》：“，助也。从口从又。”按：取手、口相助之意。

（五）行为规范和律法

德——甲骨文作“[粹八六四]”或“[甲二三〇四]”，行为准则。从“（彳）”或“（行）”，本义是道路，引申为行走或行为；从“（直）”或“（直）”，描述目测准绳之状，比喻行为准则。

律——甲骨文作“[京都二〇三二]”，规范人行为的条文。《说文》小篆作“”，隶变作“律”。《说文・彳部》：“，均布也。从彳，聿声。”段玉裁注：“律者，所以范天下之不一而归于一，故曰均布也。”①

廌——甲骨文作“[后下三三・四]”或“[明藏四七二①]”，《说文》小篆作“”，隶变作“廌”。《说文・廌部》：“，解廌，兽也，似山牛，一角。古者决讼，令触不直。象形，从豸省。”按：许慎之“令触不直”中的“不直”即不诚实，“令触不直”的意思是维护司法的公平，维诚信才能公平，故“令触不直”以彰显诚信。

---

① （清）段玉裁：《说文解字注》，光绪十九年（1893年）同文书局石刻本。

第二章　甲骨文字根的构形方式认知论探析

这里所谓的甲骨文字根，指的就是甲骨文独体象形字（不包括指事字），如许慎《说文·序》：“仓颉之初作书也，盖依类象形，故谓之文。其后形声相益，即谓之字。文者，物象之本；字者，言孳乳而浸多也。”我们把许慎上述论断称为“先文后字说”。“先文后字说”中所说的“字”是由“宀”和“子”两个偏旁构成的合体字，本义为产子，引申为孳乳，辗转引申为合体字之“字”。那么何为“文”？文，甲骨文作“[乙六八二〇反]”或“[甲三九四〇]”，小篆作“”，隶变作“文”，代表独体象形字，就是既可以独立成字又可作为偏旁（或部首）构成合体字的字根（也有的学者称其为“字素”或“形素”等），是甲骨文的基础形式。

甲骨文字根的构形方式，就是指甲骨文字根形体的生成方法。据许慎“先文后字说”可知，甲骨文中作为“文”的这些字根，除了“[佚三七四]”（日）和“[粹六五九]”（月）记认太阳和月亮这两个单独事物的象形字之外，其余的都是“依类象形”的产物，那就不是许慎《说文》中“象形者，画成其物，随体诘屈”这一概念所能概括得了的。我们把用具象化的手段取形于物而成字的方法称为“取形法”。甲骨文字根所运用的取形法包括“表形法”“借形法”和“标记法”这三种，所以根据取形法的不同，我们拟把甲骨文字根的构形方式分为“表形造字法”“借形造字法”和“标记造字法”予以分析。[1] 表形造字法是指直接抽象事物特征而成字的方法。根据取形方法的不同，表形造字法分为抽象法和描述法两种造字语言。表形造字法和标记造字法可参见本书第一章第一节对甲骨文造字语言的讲解，此处不再赘述。

所谓的借形造字法，不是直接取形于物而造字，而是通过借与之相关的事物之形来造字。具体地说，借形造字法就是一种间接地取形造字的方法。根据所借之事物的不同，借形造字法可分为两种方法：一种是借物造字的方法，称为“借物法”；另一种是借已有的字形再造新字的方法，称为“借字法”，因为每个字都是取形于物而成字的，所以借字法实际上也是一种变相的借物法。不管是哪一种借形造字法，其与表形造字法不同的是，借形造字法所造之字的形体和表达的所指之间是一种间接的关系。下面笔者重点对借物法和借字法作详细阐述。

第一节　借物法

所谓的借物法，就是借相关事物之形来造字的方法。根据所借事物和被记认的事物之间的联系，大致上可以分为“借代造字法”“象征造字法”“比喻造字法”等几种类型。

一、借代造字法

如果某事物难以取形或根本就无形可取，就借与之相关的另一个事物之形而成字，这种借相关事物之形而造字的方法就是借代造字法。这种造字方法能赋予抽象的事物以直观的形体，可丰富汉字的表现力。借代造字法是根据事物之间的某种联系来实现的。如借夕月之形造“夕”字

① 参见王玉新：《“甲骨文＋”字理识字教学研究》，山东大学出版社2019年版，第33页。

就是典型的借物造字法：傍晚时刻，夕月会出现，那么夕月和傍晚就处于共时关系，易于引起联想，一看到夕月马上就使人联想到傍晚甚至夜晚，所以就可以借夕月来造“[铁一六・一]”或“[甲一一二七①]”字以表示傍晚或夜晚。甲骨文字根“”或“”，属描画夕月轮廓而成字，与月亮之月同形，但所指不是月亮，是傍晚。后来为了与表形法之“月”相区别，小篆承甲骨文作“”，隶变之后楷书作“夕”，字形始与月亮之月有别。再如“井”，因所有的井，无论是水井或矿井，都凹于地面之下，难以取形而成字，于是就借井护栏来造“[京津二〇〇四]”代替井。

借代造字法是根据所借之形和所表示的事物之间的某种联系来造字的，根据其相互联系的不同可大致分为以下几种类型：

（一）因共时关系而借物造字

不同的事物在同一时间出现，这种关系就是共时关系。因甲、乙两个事物是同时出现的，容易引起联想，所以就可以借容易取形的甲事物之形而成字来表示乙事物。如前文所述取傍晚时出现的夕月之形造“[铁一六・一]”（夕）来标识傍晚，以使傍晚这种无形的东西具象化。又如“夜”，甲骨文作“[周原卜甲①]”，夜晚。从“（月）”，从“（亦）”，“亦”声。如果着眼于“（亦）”则强调腋窝（后作“腋”）；如果着眼于“（月）”则强调夜晚，从“（月）”表示夜晚，属于借形法，属因共时关系而借用。其他如：

西——甲骨文作“[前五・一三・二]”，《说文》小篆作“”，隶变作“西”。《说文・西部》：“，鸟在巢上，象形。日在西方而鸟栖，故以为东西之西。”商承祚《殷虚文字类编》：“今诸文正象鸟巢状。”[①]按：鸟归巢栖息时，太阳正在西方，两者属于共时关系，容易引起联想，所以就借鸟巢代替西方之“西”。其借代过程为：（鸟巢）——鸟栖息（鸟栖息时日在西

① 商承祚编：《殷虚文字类编》，1923年木刻本。

方)——西(代表西方)。

雷——打雷和闪电多是同时发生的,雷声没法取形,于是就借闪电之形“”来表示,因打雷时会降落雨点,所以再添加雨点“”造“[前四·二·一]”(雷)来表示打雷之“雷”。

(二)因相关联系而借物造字

相关联系表现在多方面,不能一概而论。如“皀”,甲骨文作“[甲八七九]”或“[存下七六四]”,由于食物种类繁多,形体不一,所以就借盛事物的器皿“”加“”作“(皀)”或在“”中加“”表示食物。《说文》小篆作“”,隶变作“皀”。又如“即”和“既”:

即——甲骨文作“[存一六二五]”或“[前六·五二·三]”。“(卽,简化作‘即’)”,即食。从“(皀)”描述食器之中盛事物之状以记认食物,从“(卩)”表示人面向食物跽坐就食之状。

既——甲骨文作“[佚六九五]”或“[佚六六七二]”。“(既)”,描述人回头表示吃完饭之状(幼儿常通过回头来表示吃饱并拒绝食物)。从“(皀)”表示食物,从“(卩)”描述人面朝后表示吃饱之意。

其他如:

言——甲骨文作“[京津三五六一]”。考甲骨文形体乃描画“(口)”中有“(舌)”之形,因为“口”和“舌”是言语的器官,所以就借口舌之形代替言语行为或言语行为的结果。

酉——甲骨文作“[粹二八]”或“[乙六七一八]”,描画酒器之形而成字。《说文》小篆作“”,隶变作“酉”。《说文·酉部》:“,就也。八月黍成,可为酎酒。象古文酉之形。凡酉之属皆从酉。与久切。”按:许慎“酉,就也”之说,是声训,考甲骨文形体则借酒瓶之形代替酒。如《说文》中把“酉”和“酒”作为同义词训释作“就也”,这说明“酉”与“酒”所指都是酒。如《说文·水部》:“酒,就也,所以就人性之善恶。从水从酉,酉亦声。一曰造也，吉凶所造也。古者仪狄作酒醪，禹尝之而美，遂疏仪狄。杜康作秫酒。子酉切。”“酉”和“酒”两字所指相同，表明“酉”“酒”属古今字。由此可见，“酉”字是借盛酒器具之形来代替“酒”。

辛——辛与辛同字，甲骨文作“[后上一八·三]”或“[甲二二八二①]”。《说文·辛部》：“辛……从一，从辛。辛，辠也。辛承庚，象人股。”郭沫若《甲骨文字研究》：“辛、辛实本一字……字乃象形，由其形象以判之，当系古之剞劂。《说文》云：‘剞劂，曲刀也。’”另曰：“其所以转为愆、辠之意者，亦有可说。盖古人于异族俘虏或同族中之有罪而不至于死者，每黥其额而奴使之……余谓此即黥刑之会意也。有罪之意无法表示，故借黥刑以表示之，黥刑亦无法表现于简单之字形中，故借施黥之刑具剞劂以表现之。”[①]据此说，辛字当是借黥刑之工具代替罪人，因黥刑之工具剞劂与罪人有关，所以就借刑具来代替罪人。如“辠”和“辡”等字或从“辛”或从“辛”表示罪人。“辠”，《说文·辛部》：“辠，犯法也。从辛，从自。言辠人蹙鼻，苦辛之忧。秦以辠似皇字，改为罪。”徐灏笺：“辠人鼻苦辛，说近穿凿。辠、罪古字通。”[②]笔者认为“辠”当是受劓刑等罪人之称谓，因古代人犯罪常受劓、刖等刑罚。如《新唐书·吐番传》：“其刑虽小罪必抉目，或刖、劓。”闻一多《战后文艺的道路》：“真性奴隶是无身体自由的，使其身体亏损，如劓，刖，墨，剕，宫等，是奴隶的象征。”“劓，刖，墨，剕，宫”为古代奴隶制五刑，简略分析如下：劓，甲骨文作“[前四·三二·八]”或“[乙三二九九]”，从“(刀)”，从“(自，鼻子)”，会意字，描述用刀割去鼻子之状。刖，甲骨文作“[屯南八五七①]”，描画用器具截断人之一足之状。墨，刺面染黑，作为惩罚的标记，该刑法在商周称作“墨刑”，秦汉称作“黥刑”。剕，同“刖”，是古代断人一足之刑罚。宫，即阉割男性生殖器之酷刑。

① 转引自《汉语大字典》(缩印本)，四川辞书出版社、湖北辞书出版社1993年版，第4036页。

② (清)徐灏：《说文解字注笺》，《续修四库全书》本。

二、象征造字法

所谓的"象征造字法"就是通过赋予某形体以特定的内涵而成字的方法。如"羊",甲骨文作"[河三八七]"或"[甲二九〇四]",因为羊有驯良的本性,所以甲骨文的"羊"犄角向下弯曲,代表吉祥、善良等象征意义。羊,《说文》小篆作""。《说文·羊部》:",祥也。"羊,不仅象征吉祥,还象征美,所以"美"字甲骨文作"[乙五三二七]"或"[摭续一四一]",乃描画人带羊头饰具之状表示美。

其他如:

回——甲骨文作"[粹一九三]",以盘旋状形体象征回环之意。《说文》小篆作"",隶变之后作"回"。《说文·口部》:",转也。从口,中象回转形。"

旬——甲骨文作"[粹四六三]"或"[佚九八〇]",用环绕状形体象征循环之意。《说文》小篆增"日"作"",隶变作"旬"。《说文·勹部》:",遍也。十日为旬。从勹、日。"按:旬,从"日"表示时间,从"勹"象征循环之意。

三、比喻造字法

所谓的比喻造字法,就是借事物之形来表达与之相似的另一所指的借形造字方法。如:

长——甲骨文作"[前七五·三]",象人用手理长发之形,借长发象征事物之长。《说文》小篆作""。《说文·长部》:",久远也。"按:许慎之"久远也"是比喻义,即借长发之形而成字比喻时间之长。

幺——甲骨文作"[粹八一六]",《说文》小篆作""。《说文·幺部》:",小也。象子初生之形。凡幺之属皆从幺。"按:许慎"小也"是比喻义。考甲骨文作"[粹八一六]",象丝束之形,因蚕丝细小,故而比喻幼小之意。

非许慎所说“象子初生之形”。

小——甲骨文作“[林下·二六·四]”或“[甲六三〇]”,《说文》小篆作“”,隶变作“小”。《说文·小部》:“,物之微也。从八,丨见而分之。”按:甲骨文形体象细小之物之形,比喻细小。

第二节 借字法

借字法有两种类型:一种是借字表意法,另一种是借字造字法,两者是有区别的。

一、借字表意法

所谓的借字表意法,就是借用现成的字形来表达另外一种相关意义的方法,说穿了这是用字法,其实也是一种字义引申方法。如甲骨文“[甲二一五]”(目)乃取一只眼之形而成字,表示眼睛,因眼睛属于视觉器官,所以就可以借“”之形表示视觉行为。如甲骨文作“[后下二·一]”或“[甲三五二一]”,《说文》小篆作“”,隶变作“見”,简化作“见”。《说文·见部》:“,视也。从儿从目。”可见甲骨文“”字是借目之形表示视觉的一种借字表意法。甲骨文中这种借字表意法是一种普遍的现象,凡是因表形法而成字的字根充当部首时,往往都会因这种借字表意法而丰富其表意范围。其他如:

行——甲骨文作“[后下二·一二]”,属描画十字形道路之形而成字,表示道路。如“街”“衢”等字都从“行”作部首表示道路。因道路是供行走之用的,所以常借指行走。行,《说文》小篆作“”。《说文·行部》:“,行,人之步趋也。从彳从亍。凡行之属皆从行。”按:许慎之“人之步趋也”,即步行之意,属借字表意法。

止——甲骨文作“[甲二七四四]”或“[乙一二〇六]”,《说文》小篆作“”,隶变作“止”。《说文·止部》:“,下基也……故以止为足。”徐灏笺:“凡从止之字,其义皆为足趾。许以为象草木出有址,殆非也……三趾者,与手之列多略不过三通例。”按:甲骨文“[甲二七四四]”或“[乙一二〇六]”乃因表形法而成字以记认足趾,但足趾乃行走之器官,所以也常代指行走。如“[前一·一七·三]”,《说文》小篆承甲骨文作“”,隶变作“武”。《说文·戈部》:“,楚庄王曰:‘夫武,定功戢兵。故止戈为武。’”于省吾《释武》:“武从戈、止,本义为征伐示威。征伐者必有行。‘止’即示行也。征伐者必以武器,‘戈’即武器也。”按:据“‘止’即示行也”之说可知,止,借指行走。

又——甲骨文作“[粹一九四]”,《说文》小篆作“”,隶变作“又”。《说文·又部》:“,手也。象形。三指者,手之列多略不过三也。”高鸿缙《中国字例》:“字原象右手形,手本五指,只作三者,古人皆以三表多。”①按:“又”本是手,但也常借指用手从事的行为。如甲骨文“[前一·九·七]”(取),《说文》小篆作“”,隶变作“取”。《说文·又部》:“,捕取也。从又从耳。”“从又从耳”中的“又”借指手的行为,即抓取,引申为获取。再如甲骨文“[续六·二三·一〇]”(秉),《说文》小篆承甲骨文作“”,隶变作“秉”。《说文·又部》:“,禾束也。从又持禾。”按:据“从又持禾”之说可知,又,借指用手从事的行为,持、握。

再如,因说话必用口,所以甲骨文中的“(言)”,取口中有舌之形而成字表示言语。“(言)”,《说文》小篆作“”。《说文·言部》:“,直言曰言,论难曰语……凡言之属皆从言。”“直言”乃言语行为,言语必用口,所以从口借指言语(说话)。有时一个字可以被借指多种所指,如“口”,甲骨

① 转引自《汉语大字典》(缩印本),四川辞书出版社、湖北辞书出版社1993年版,第390页。

文作“[甲一二七七]”或“[粹二二〇]”，遂为小篆所作“”。《说文·口部》：“，人所以言食也。象形。凡口之属皆从口。”可见，口因表形法取人口之形而成字，常借指与口有关的言和食等行为。口字作偏旁时也常用于其他动物，如“[京津四〇一二]”（鸣），《说文》小篆作“”，隶变作“鳴”，简化作“鸣”。《说文·品部》：“，鸟声也。从鸟，从口。”

综上所述，一个字通过借形表意法会给抽象的意义以直观的形式，也会丰富汉字的表现力，是一种较为普遍的用字法。其实这也是常用的字义引申方法，可以从借字表意法角度来总结字义引申的规律。例如“⊙[佚三七四]”（日），描画太阳轮廓而成字以记认太阳。由于日出东方就是白天，所以“日”字可以表示白天，如“日日夜夜”中的“日”就表示白天。汉字一旦记录语言，词义的引申就会反映到汉字中，汉字即可通过借字表意法来适应词义的引申或分化。

二、借字造字法

所谓的借字造字法，就是借用一个现成的字形稍加变化使之变成另外一个或多个新字的方法。借字造字法根据字与字之间的联系可以大致分为连及法和变体法两种类型。

（一）连及法

“连及”即“联想到”之意，如甲、乙两者之间，因为同类关系或相互关联等，只要说到甲，就使人联想到乙，所以在造字时，就借表示甲事物的字通过变形造新字来表示乙事物。凡是连及法所造的字，都是以某字为原型，通过某些局部变化而分化成新字，两个字的形义之间具有特定的联系，因相互联系的不同可分为同类连及法和相关连及法两种类型。

1. 同类连及法

木/屮、禾——“木”因同类连及造出“屮”“禾”二字。古人先取树木之形而造“(木)”，组合树木的“干”“枝”和“根”这三个方面的形体特征而成字以记认树木。因为树木属于植物，所以这个“[甲三五一〇]”字也能代表所有植物的共性特征。如《说文》小篆“(木)”，《说文·木部》：“，冒也。冒地而生。东方之行。从中，下象其根。”因“冒地而生”的不光树木，也包括“中”等其他植物。再说“从中，下象其根”除了树木之外，还包括其他如草等植物。所以由“(木)”首先可以联想到植物，是植物的典型。后借“(木)”之形作为植物的原型稍加变化连及而造新字以表示其他不同植物——省却“(木)”字的根部作“(中)”，添加垂穗作“(禾)”，这两个字表示草类和庄稼两个植物范畴。

山/阜——山因同类连及而造“阜”。山，甲骨文作“[甲三六四二]”，《说文》小篆作“”，隶变作“山”。《说文·山部》：“，宣也。宣气散，生万物，有石而高。象形。”按：许慎所说“山，宣也”这一解释属声训，未能说明成字之法。考甲骨文“[甲三六四二]”之形体应是取相连的三个山头来代表连绵的山峦之状。按许慎之说，山有石而高谓之山，那么无石之山呢？所以甲骨文连及造字“阜”。阜，甲骨文作“[甲三九三六]”或“[菁三·一]”，《说文》小篆作“”，隶变作“阜”。《说文·阜部》：“，大陆，山无石者。象形。”按：析言之，阜为土山，统言之，也可以表示所有的山。为了与山相区别，阜形体竖立为“(阜)”，与“(山)”相区别。与山有关的合体字也多从阜作部首。如：

陟/降——陟，甲骨文作“[宁滬一·五九二]”，从“(阜)”，从“(步)”，脚趾朝上描述向上攀登之状。部首“(阜)”表示山。因登山连及下山，所以甲骨文造“[粹九〇一]”(降)，从“(阝)”，从“(夅)”，脚趾朝下描述下山之状。部首“(阜)”表示山。

女/母——女和母两字因同类连及而成字。女，甲骨文作“[铁一六四·一]”，《说文》小篆作“”，隶变之后作“女”。《说文·女部》：“，妇人也。象形。王育说。凡女之属皆从女。”段玉裁注：“男，丈夫也。女，妇人也……浑言之，女亦妇人；析言之，适人乃言妇人。”按：考甲骨文形体，“”象女性跪坐从事家务劳动之状。古代男女家庭分工有别，女主内，从事家务，男主外，从事户外劳作。男，甲骨文作“[京津二二三]”，小篆作“”，隶变作“男”，从田，从力（同“耒”），描述用耒耕作农田之状，可见男子负责耕作农田，“”是古代社会分工的历史见证。因为女生子则为母，所以甲骨文连及添加乳房之形造字“[前八・四・七]”（母），小篆作“”，隶变之后作“母”。《说文・母部》：“，牧也。从女，象怀子形。一曰象乳子也。”总之，女和母两字都是取女性之形而成字，从取形上来看是同源的，但区别在于生子与否，生子者为母。

ナ/又——ナ，甲骨文作“[粹五九七]”，属取左手之形而成字。《说文》小篆作“”，隶变之后作“ナ”。由于见左手因同类关系容易联想到右手，所以就取右手之形作“[粹一九四]”，《说文》小篆作“”，隶变之后作“又”。“”和“”，由于字义引申，所以同时造出今字“左”和“右”两字。《说文・左部》：“左，手相左助也。从ナ、工。”《说文・又部》：“右，手口相助也。从又从口。”

井/丹——“井”和“丹”因同类连及而成字。先民掘地为井，有水井和矿井之分。因为井的形状凹于地面之下难以取形成字，于是就取井栏之形代替井而成字“[京津二〇〇四]”（井），《说文》小篆作“”，隶变之后作“井”。后因矿井易于联想到矿井之中的矿物，于是又在“”加标记作“（丹）”以表示矿井中出产的矿物。“（丹）”，《说文》小篆作“”，隶变之后作“丹”，后引申为丹砂，又因丹砂为红色，所以又转而借指红色。

水/川——水，甲骨文作“[甲二四九一]”或“[前二・四・三]”，《说文》小篆作“”。《说文・水部》：“，准也。北方之行。象众水并流，中有微阳之气也。"水因同类连及而造川。川，甲骨文作""[前四·一三·二]，《说文》小篆作""。《说文·川部》："，贯穿通流水也。《虞书》曰：'濬巜巛，距川。'言深巜巛之水会为川也。"罗振玉《增订殷虚书契考释》："象有岸畔而水在其中。"水和川都是水流，析言之，因有无河岸以相区别，川乃两边有石岸之水流，而水乃平原之水流，统言之，都是水流。

衣/裘——衣，甲骨文作"[前一·三〇·四]"或"[粹八五]"，《说文》小篆作""，隶变作"衣"。《说文·衣部》："，依也。上曰衣，下曰裳。"甲骨文因同类而连及增兽毛造"[后下八·八①]"（裘）。"（裘）"，《说文》小篆作""，隶变作"裘"。《说文·裘部》："，皮衣也。从衣，求声。一曰象形，与衰同意。"按：裘，从衣表示衣服之属，从求，求亦声。求，金文或作"[君夫簋]"，描画兽皮之状而成字。《说文·裘部》："，皮衣也……求，古文省衣。"按：求，兽皮，因兽皮可制皮衣，故引申为皮衣。求、裘为古今字，非裘省。

2.相关连及法

川/州——川，甲骨文作"[前四·一三·二]"或"[甲一六四七①]"，《说文》小篆作""，隶变作"川"。《说文·川部》："，贯穿通流水也。《虞书》曰：'濬巜巛，距川。'言深巜巛之水会为川也。凡川之属皆从川。"罗振玉《增订殷虚书契考释》："象有岸畔而水在其中。"按：川为山中有岸之水流，因山中水流湍急，冲击泥沙而成州，所以甲骨文因相关连及造"[前四·一三·四]"或"[粹二六二①]"，小篆作""。《说文·川部》："，水中可居曰州，周绕其旁，从重川。昔尧遭洪水，民居水中高土，或曰九州。《诗》曰：'在河之州。'一曰州，畴也。各畴其土而生之。"《汉语大字典·丶部》："甲、金文、古鉥都象河川中有沙州形。州，为洲初文。"

干/单、兽——干，因连及先后造"單"和"嘼"。干，甲骨文作"[邺三下·三九·一一①]”，象有叉的捕猎工具，由于看到捕猎之工具，就很容易使人联想到野兽这一捕猎对象，所以就借用该字造“单”和“兽”字。其造字过程是以“（干）”为原型完成的一种连锁造字现象——在“”字的基础上先放大“”的两叉的尖端部分使其象动物的两耳之形，再增加野兽面部造出“單”，即甲骨文“[前六·三·一]”“[乙一〇四九]”或“[乙三七八七①]”。由于这个“”等既象打猎的工具，又象野兽有耳之状，容易使人联想到野兽，于是就添加“口”造出“嘼”，甲骨文作“[乙六二六九]”。

刀/刃、办——刀，甲骨文作“[甲三〇八五]”，概括刀的形体特征而成字。《说文》小篆作“”。《说文·刀部》：“，兵也。象形。”因刀是切割或宰杀工具，所以当想到宰杀时，自然就想到流血，于是添加一滴血造“（刃）”，《说文》小篆作“”，隶变之后作“刃”。这个“（刃）”本义是杀，如《史记·廉颇蔺相如列传》：“左右欲刃相如。”其中的“刃”常被误解为名词用作动词，理解为“用刀杀”。如果非要把“（刃）”看作名词动用而理解为“用刀杀”，那为什么不直接说“左右欲刀相如”非要用“刃”呢？问题就在于“刃”字上多出的那一个点，文字学家把“刃”看作指事字，认为刀刃上的点是指事符号，表示刀刃。其实，这是误解。笔者认为“（刃）”上的一点是个血点，表示宰杀后残留的血，本义是杀。金文“（办壶）”可为证明。“”，《说文》小篆作“办”，也有两个点，也按指事字理解为两个刀刃么？《说文·刃部》：“办，伤也。从刃从一。”可见“办”本义是杀伤，可反证“刃”本义也为杀伤，刀刃为引申义。

土/才/生/丰——土，甲骨文作“[前五·一〇·二]”或“[前七·三六·一]”，《说文》小篆作“”，隶变之后作“土”。《说文·土部》：“，地之吐生物者也。二象地之下、地之中，物出形也。凡土之属皆从土。”考甲骨文形体，“（土）”，乃描述地里植物破土而出之状；而“（土）”，描述植物破土而出之时还散落着一些碎块的样子。因一想到植物破土而出就连及想到植物种子发芽生长之状，于是甲骨文连及造“[后上一〇·九]”或“[续一·三·六]”，《说文》小篆作“”，隶变之后作“才”。《说文·才部》：“，艸木之初也。从丨上贯一，将生枝叶。一，地也。凡才之属皆从才。”“艸木之初”即草木刚发芽生长之时。因植物发芽容易联想到植物生长过程，于是甲骨文造“[甲三八〇]”或“[粹一一三一①]”，《说文》小篆作“”，隶变之后作“生”。《说文·生部》：“，进也。象艸木生出土上。凡生之属皆从生。所庚切。”段玉裁注：“下象土，上象出。”按：“上象出”之意为上面象植物冒出。因植物生长联想到植物茂盛，于是甲骨文造“[甲二九〇二①]”，象土壤肥沃、植物丰茂之状。《说文》小篆作“”，隶变之后作“丰”。《说文·生部》：“，艸盛丰丰也。从生，上下达也。”《汉语大字典·丨部》按：“甲骨文‘丰’和‘封’同，象植树为界且加土堆形。”可见甲骨文的“(才)”“(生)”“(丰)”三字均为相关连及而造，字形和字义均有联系。

（二）变体法

这里所谓的变体法是指通过改变一个字的形体产生新字的方法。变体法根据字形改变方法的不同可分为“倒反”“异形”“断取”和“增减”四种。

1. 倒反

所谓的“倒反”，就是通过倒反一个字的方位使之变成一个新字的方法。如：

大/屰——大，甲骨文作“[粹一七二]”，《说文》小篆作“”。《说文·大部》：“，天大，地大，人亦大。故大象人形。”按：考甲骨文字形乃取人正面站立之形而成字，本义指人，许慎“天大，地大，人亦大”之说实为引申义。“(大)”倒之则为“[甲二八〇五]”或“[乙三九三九①]”，《说文》小篆作“”，隶变之后作“屰”，“逆”的古字。

上/下——上、下共有两种形体：一种是“上”，甲骨文作“[后上八·七]”(上)，指事字，表示方位在上面；“下”，甲骨文反之作“[前四·六·八]”(下)，指事字，表示方位在下面。另一种是“”和“”。“(上)”，《说文》或体作“”。《说文·一部》“，高也。此古文上，指事也。”“(上)”倒之则为“”，《说文》或体作“”。《说文·一部》：“，底也。指事。”两种字形隶变之后统一作“上”和“下”。

步/夅——步，甲骨文作“[铁二二·二]”，表示用两只脚趾交替向前行走，脚趾头所指方向就是行走的方向，改变脚趾头方向就是表示改变行走方向的意思。如“陟”和“降”——陟，甲骨文作“”。从“(阜)”表示山，从“”表示脚趾朝上，描述向上攀登之状。如《诗经·卷耳》：“陟彼高岗，我马玄黄。”“(降)”字中倒反的脚趾为“”，通过脚趾朝下来描述向下行走之状。

人/匕——人，甲骨文作“[戬四一·六]”，反之则为“[乙三七二九反①]”(匕)，形体变了，音义皆变。《说文·匕部》：“，相与比叙也。从反人。”按：从“匕”与从“人”同。

从/比——从，甲骨文作“[后上二七·二]”，《说文》小篆作“”，隶变作“比”。《说文·从部》：“，相听也。从二人。”从，反之则为“比”，甲骨文作“[京津一二六六①]”，《说文》小篆作“”。《说文·比部》：“，密也。二人为从，反从为比。”

2. 异形

所谓的异形是指通过屈压一个字的形体使之成为新字形的方法。如甲骨文的“[戬四一·六]”(人)屈体则成“[乙九〇七七]”(卩、㔾)。又如：

即——甲骨文作“[存一六二五]”或“[前六·五二·三]”，造字语言相同。“(卽，简化作‘即’)”，即食。从“(皀)”描述食器之中盛事物之状以记认食物，从“（卩）”表示人面向食物跽坐就食之状。“（卽，简化作‘即’）”，即食。从“（皀）”描述食器之中盛事物之状以记认食物，从“（卩）”表示人面向食物跽坐就食之状。可见，“（人）”屈体而成“（卩）”或“（卩）”。

令——甲骨文作“[甲五九七]”“[后下一〇・一四]”或“[前五三二・一]”，《说文》小篆统一字形作“”。《说文・卩部》：“，发号也。从亼、卪。”按：，从“亼”表示统一，从“卪”，与“卩”同。隶变作“令”，“卪”变体作“マ”。可见，“[甲五九七]”中的“”和“[后下一〇・一四]”中“”都是人屈体而成的变体。

印——甲骨文作“[乙一〇〇]”或“[乙一四三]”，《说文》小篆作“”，隶变作“印”。《说文・印部》：“，执政所持信也。从爪从卪。”按：从“爪”从“卪”，乃描述用手摁人头使之跽坐之状，引申为按压。许慎“执政所持信也”乃引申义。印，同“归(yì)”。《说文・印部》：“归，按也。从反印。”可见，“[乙一〇〇]”字中的“”和“[乙一四三]”字中的“”都是人屈体而成的变体。

3. 断取

断取是指通过截取（省略）一个字的部分而成为一个新字的造字法。如截取“[甲五七四]”（行）的一部分变成“（彳）”从而成为一个新字形。“（行）”，《说文》小篆作“”，隶变作“行”。《说文・行部》：“，人之步趋也。”按：甲骨文“（行）”属直接取形于道路之形而成字，属表形法，表示道路。因道路是供人行走的，所以引申为行走。许慎“人之步趋”之说属引申义，引申为行走，为了与道路相区别，于是甲骨文截取部分作“（彳）”专门表示行走或与行走有关，如“[京都二一一三]”（得）、“[京都六二四]”（达）等字中的“（彳）”都是断取

（省略）“（行）”的部分而成的变体。再如甲骨文“[甲八四〇]”，截取一扇门作“（户）”等。

4. 增减

增减是指在一个字的基础上通过增加或减少某种成分使之成为新字的造字法。如“[林下·二六·四]”或“[甲六三〇]”，多一点则为“少”，甲骨文作“[前四·五五·三]”或“[甲二九〇四]”；反之，少一点则为“小”。再如“八”，甲骨文作“[前二·三二·四]”，分的古字，《说文》小篆作“”，隶变作“八”。《说文·八部》：“，别也。象分别相背之形。”八，增笔画作“北”，甲骨文作“[粹三六六]”或“[戬二六·四]”，《说文》小篆作“”。《说文·北部》：“，菲也。从二人相背。”北，增笔画作“非”，甲骨文作“[拾一一·八①]”，《说文》小篆作“”。《说文·非部》：“，违也……取其相背。”“八”“北”和“非”都是取人相背之形而造字，都含有向背之意。再如“（廿）”增加笔画作“（卅）”等。增减笔画所造之字，音义之间皆有联系。

第三章　甲骨文合体字构造认知研究

“合体字”的“合”即组合，“合体字”的“体”指独体字。合体字是由作为独体字的象形字演变而来的偏旁、部首的组合体。以偏旁、部首组合合体字的方法有“指事”“会意”“重形”和“形声”等。深入研究合体字的构造要素和合体字合体之法，是甲骨文造字法研究的重要内容。

第一节　甲骨文合体字的构造要素及认知功能

偏旁和部首的性质、功能，是合体字造字法研究的逻辑前提。

一、甲骨文合体字的构造要素

汉字不是在一个平面上造出来的，先民是分“文”和“字”两个阶段来完成的，即先造作为独体字的“文”，再用“文”作为偏旁去构造合体之“字”。合体字虽然数量庞大，但是构成合体字的“文”(部件)却是有限的；虽然合体字是新造的，可构造合体字的部件却是原有的。先民用旧质要素来造新字，不仅节省了造字素材，而且可以按照先学“文”再学“字”的策略来进行识字教学，可举一反三，收到事半功倍之效。

对于甲骨文研究来说，必须遵循“先文后字”的历史规律，先梳理出甲骨文中作为独体字的“文”，然后再探讨由“文”构成合体字的造字规律。由于学者们研究的角度和目的不同，因而对合体字的构造成分的称谓自然也就不同，有“字根”“形素”“字素”“偏旁”“部首”等。概言之，这些称谓虽然都是针对合体字构造要素而言的，但不同的称谓所折射出的是各家所秉持的不同概念，有进一步厘清的必要。例如，姚孝遂在《殷墟甲骨刻辞类纂》（中华书局 1989 年版）中统计出甲骨文有 149 个“形素”；唐兰《甲骨文自然分类简编》（山西教育出版社 1999 年版）统计了 231 部；岛邦男《殷墟卜辞综类》（泰顺书店 1970 年版）统计了 164 部；季旭升《甲骨文字根研究》（文史哲出版社 2003 年版）列偏旁 476 个；李圃在《甲骨文文字学》（学林出版社 1997 年版）中列出具有独立造字功能的“字素”共有 328 个，其中不带字缀的有 238 个；朱歧祥《殷墟甲骨文字通释稿》（文史哲出版社 1989 年版）统计了 175 部，后又于《论甲骨文的部首——中国最早的一批象形字》（《古籍整理研究学刊》2002 年第 5 期）中修正为 150 个部首字。文字学家分析的角度不同，统计结果自然有别。

（一）关于字根

“字根”“形素”“部件”和“字素”等所指是基本相同的，都是构形法概念，都是指从合体字中拆分出的由独体字演变而来的最小的构形单位。“字根”是比喻说法，有两层含义：

其一，字根本身是独体字，是由独体字演变而来的构成合体字的基本的结构成分，所以称之为“字”，同时又是字的基本构形要素，所以称作“字根”。例如“[京都二一一三]（得）”可作如下拆分：

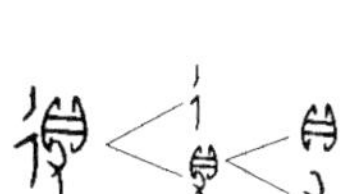

合体字“[京都二一一三]”共作了两个层次的拆分，共拆出“（彳）”“（贝）”和“（又）”三个最小的成分，也就是所谓的“字根”。

其二,字根是最小的结构成分。我们之所以说字根是最小的结构单位,是因为它不能再分了,再分就是线条或笔画了。许慎"先文后字说"所说的"文"其实就是字根,亦即姚孝遂先生所说的149个形素。

就甲骨文研究而言,从字根分析入手,化繁为简,并从取形法角度对这些字根进行认知论分析,以此为基础来探讨合体字的构形和构造规律,这是符合许慎"先文后字说"的基本构造规律的。我们从1500个现代汉字常用字中倒推出了与甲骨文相对应的常见字根并分类如下:

天

1. 取天体之形而成字以记认天体知识的字根:"[佚三七四](日)""[粹六五九](月)""[甲六七五](晶)"

2. 取天象(自然现象)之形而成字以记认天象知识的字根:[前七·三六·二](气)""[后下九·一](火)""[续三·三六·七](仌)""[(存下九五六)](云)""[铁三二·三](雨)""[铁一六三·四①](电、申)"

地

1. 取地面事物之形而成字以记认地面事物的字根

(1)取地理景观之形而成字以记认地理景观的字根:"[前四·四七·六](一)""[前七·三六·一](土)""[甲三六四二](山)""[甲三九三六](阜)""[乙四五一八](丘)""[乙四六九三①](石)""[粹一二①](玉)""[前二·四·三](水)""[前四·一三·二](川)""[甲九〇三](泉)"

(2)记认地理方位的字根:"[前五·一三·二](西)""[前一·一三·三](南)""[戬二六·四](北)""[甲三九八①](中)""[前六·五七·七](东)"

2.取动物和与动物有关事物之形而成字以记认动物的字根

(1)取野生动物之形而成字以记认野生动物的字根："[乙七六一〇反](龙)""[余一七・一①](虎)""[粹六一〇](象)""[前四五三・一](豸)""[乙八七一八](虫)""[京津一四九一](鹿)""[妇好墓円斝](兔)"

(2)取家畜之形而成字以记认家畜的字根："[一九〇九二](马)""[乙三三二八一](牛)""[河三八七](羊)""[前七三・三](犬)""[前四・二七・四](豕)"

(3)取鸟类动物之形而成字以记认鸟类动物的字根："[甲二九〇四](鸟)""[佚五一八背](隹)"

(4)取水生动物之形而成字以记认水生动物的字根："[佚八一二](鱼)""[甲九八四](龟)""[前五・一〇・二](贝)"

(5)记认与动物相关事物的字根："[粹一一二①](釆)""[铁六二・三](角)""[京津四七六二](羽)""[乙一八八](肉)"

3.取植物和与植物有关事物之形而成字以记认植物及相关事物的字根

(1)取植物之形而成字以记认植物的字根："[佚八四](屮)""[甲三五一〇](木)""[乙四八六七①](禾)"

(2)记认与植物相关内容的字根："[续一・三・六](才)""[粹一一三一①](生)""[甲二九〇二①](丰)""[粹二二七](米)"

人

1.取人体之形而成字以记认人体的字根

(1)取整体人形以记认人体的字根：

①取人正面图形的："[粹一七二](大)""[甲二八〇五](屰)""[后

下四二·七](子)”

②取人侧面图形的:“[戬四一·六](人)”“[前七·三〇·二](尸)”“[乙九〇七七](卩、卪)”“[前四·四·三①](巳)”“[乙三七二九反①](匕)”“[铁一六四·一](女)”“[前八·四·七](母)”

③取特殊人形的:“[乙六七三三](身)”“[铁一九六·一①](父)”“[乙六八二〇反](文)”“[明一八八〇](欠)”“[前四·三三·五](旡)”“[燕六五四](老、耂)”“[乙六六八四](鬼)”“[菁六·一①](乎)”

④取头或与头有关事物之形而成字的:“[前六·七·一](首)”“[前七五·三](长)”“[乙八八四八](页)”“[周原卜甲](囟)”

⑤取人器官之形而成字的:“[甲二一五](目)”“[后上三〇·五](耳)”“[甲三九二](自)”“[后下午三](齿)”“[粹二二〇](口)”“[京津三五六一](言)”“[乙二二八八①](舌)”“[后下二·一](见)”“[甲二三七五①](面)”“[甲三五一〇](心)”

(2)取人肢体或与肢体有关事物之形而成字以记认人体或与人体相关内容的字根

①取手之形而成字的:“[粹一九四](又)”“[乙三四七一①](爪)”“[京津二一三四](廾)”

②取脚趾之形而成字的:“[乙一二〇六](止)”“[前四·四〇·一](足)”“[甲二八七八](疋)”

③取道路之形而成字的:“[后下二·一二](行)”

2.取与生活有关的事物之形而成字以记认生活的字根

(1)取房舍或与房舍有关事物之形而成字的:“[乙五〇六一①](宀)”“[后下三六·三](户)”“[前四一六·一①](门)”

(2)取衣物与相关事物之形而成字的:“[前一·三〇·四](衣)”

“[京津一四二五](巾)”“[粹八一六](糸)”“[前五·一一·二](裘)”

(3)取食物或生活器具之形而成字的：“[甲一二八九](食)”“[前五·三·七](皿)”“[粹二八](酉)”“[七九七八反](豆)”“[佚一一①](员)”“[甲二一三二①](鬲)”“[乙七四五](鼎)”“[邺初下四〇·一一①](匚)”“[乙七七五一](缶)”“[粹二二七](米)”“[粹一〇三六①](冎)”“[乙八八二八](歺)”“[乙一八八](肉)”

(4)交通：“[前五·五·七](㫃)”“[铁一六〇·三](车)”“[前七·二一·三](舟)”“[前五·二三·二](方)”

(5)取与占卜、祭祀有关的事物之形而成字的：“[(甲二三五二](且)”“[前二·三八·二①](示)”“[菁一·一①](卜)”“[前四·六·四](用)”

(6)其他：“[京津三五六一](言)”“[铁二四七·二](曰)”“[后上一二·四](甘)”

3. 取有关器物之形而成字以记认劳动、捕猎或战争等相关知识的字根

(1)取农具之形而成字的：“[乙八八九三](力)”“[粹一二七一①](工)”

(2)取与劳动、生活有关的器物之形而成字的：“[甲九四四](帚)”“[粹五〇一①](彔)”“[铁二一八·二](其)”“[京津二〇〇四](井)”“[坊间四·二〇四①](斤)”“[甲三〇八五](刀)”“[前四·三七·六](册)”

(3)取与捕猎、战争有关器物之形而成字的：“[后下八·一二①](网)”“[珠四五八](戈)”“[前五·七·二](弓)”“[甲三一一七](矢)”“[邺三下·三九·一一①](干)”“[乙三七八七①](单)”

(4)其他工具："[甲二二八二①](辛、辛)"

4.符号

(1)借与颜色相关事物之形而成字表示颜色的字根："[前七·三二·三](黄)""[佚四二七](白)""[乙二九〇八](赤)""[珠一二一](朱)""[京津三六四九](丹)"

(2)记认数字的字根："[前四·四七·六](一)""[乙二二四三反①](二)""[前六·二·三](三)""[铁二四七·二](五)""[前七·三九·一](六)""[后下九·一①](七)""[前二·三二·四](八)""[前四·四〇·三](九)""[甲八七〇](十)"

上述常见字根是甲骨文的基础形式，之所以称之为基础形式，就是因为上述字根作为基本构成要素构造了大量的合体字，具有强大的造字能力。

(二)关于偏旁

偏旁是由独立的字(本字)演变而来的并凭借某种功能参与合体字构造的直接成分，即造字法分析时所拆分出的直接构成成分。要正确理解偏旁的性质，尤要注意以下四点：

第一，偏旁必须有本字。凡是偏旁都是由一个独立的字演变而来的，不论是独体的还是合体的。为了称说的方便，我们把演变成偏旁的字称作"本字"。任何一个偏旁都是由本字演变而来的，而且其功能是以本字的形音义为认知前提条件的，这是判断一个偏旁之所以成为偏旁的认知前提，否则就没有任何功能可言，那就不是偏旁了。例如《说文》小篆作""，《说文·彳部》："，行有所得也。从彳，导声。"据"从彳，导声"的分析可知，许慎是把""字作为形声字拆分为作为形旁的"(彳)"和作为声旁的"(导)"两个偏旁。声旁"(导)"是合体字，之所以能够充当偏旁那是有前提条件的，共时状态下必须有一个独立使用的合体字与之相对应。

据查，虽《说文》无㝵字，但甲骨文中“得”也有“[粹二六二]”字，而且《说文》古文也有“”字。由此可知，甲骨文字“(得)”的声旁“(㝵)”是由独立的“(得)”演变而来的，可见“(㝵)”从“(㝵)”字获取表意或表音功能，才具备充当合体字“(得)”之偏旁的资格。如果没有本字，就没有形音义，那就不能成为偏旁。《汉语大字典》正是由于忽视了偏旁的本源问题，才会在合体字拆分时出现了错误。如“斿”“旄”“旂”“旅”“旌”“族”“旋”“旗”等字，《汉语大字典》皆归为“方”部，这就等于把“斿”字拆分为“方”和“𠂉子”、把“旄”字拆分为“方”和“𠂉毛”、把“旂”字拆分为“方”和“𠂉斤”、把“旌”字拆分为“方”和“𠂉生”、把“族”拆分为“方”和“矢”、把“旋”拆分为“方”和“𠂉疋”、把“旗”拆分为“方”和“𠂉其”，可是这样所拆分出的“𠂉子”“𠂉毛”“𠂉斤”“𠂉生”“矢”“𠂉疋”和“𠂉其”都没有本字，没有本字的形音义支撑，没有任何功能可言，都不具备充当偏旁的资格。再如“衍”，甲骨文作“[前四・一二・八]”或“[前八・一五・二]”，《说文》小篆作“”，隶变作“衍”。《汉语大字典》把“衍”字归于“彳”部，这就等于把“衍”字拆分为“彳”和“氵亍”，可是“氵亍”没有本字及形音义作为前提，不可能充当偏旁。

总之，任何一个偏旁，不管是独体的还是合体的，都必须有本字，即在同时期肯定有独立的字相对应，偏旁的功能从其本字的形音义那里获取，否则就不具备充当偏旁的资格，其本字是一个偏旁是否具备偏旁资格的先决条件。

第二，偏旁是参与合体字构造的直接成分。偏旁是构造法概念，偏旁是以特定功能参与合体字构造的直接成分。所以，构造法分析是直接成分分析法，即以拆分出因特定功能直接参与汉字构造的成分为出发点。如：

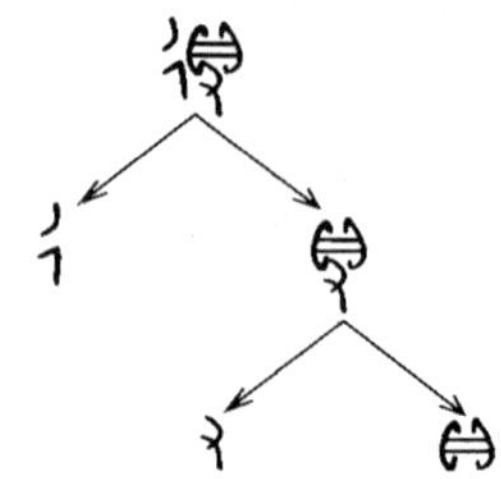

第一个层次拆分出的“(彳)”和“(导)”直接构成了形声字“(得)”，所以形旁“(彳)”和声旁“(导)”是构成形声字“(得)”的直接成分，在第一个层次上构成了合体字“(得)”。第二个层次上从“(导)”拆分出来的“(又)”和“(贝)”相对于“(得)”来说是间接成分。我们把偏旁看作直接成分，言外之意，就是说在分析合体字构造时，不管构成合体字的偏旁有多少，只能作一次性拆分，这样就会有二分法和多分法之别。对于由两个字根构成的合体字，直接采用二分法拆分即可。例如甲骨文的“(休)”字，直接拆分出“(人)”和“(木)”两个直接构成会意字的偏旁即可。对于由多个偏旁构成的合体字，则有二分法和三分法之别。如“森”，甲骨文作“[后下三·二]”或“[金四七二①]”，《说文》小篆统一字形作“”，隶变作“森”。《说文·林部》：“，木多皃。从林从木。”王筠据玄应改为：“多木长皃也。”并注：“言多者，三木也。言长者，木出于林上也。”[1]“森”字有二分和多分之别。可见，由多个偏旁构成的合体字到底是采用二分法还是多分法，不能一概而论，需具体问题具体对待。

第三，偏旁不一定是最小的结构单位，偏旁可以由独体字演变而来，也可以由合体字充当。如甲骨文“[京都二一一三]”(得)可作如下拆分：

---

① 转引自《汉语大字典》(缩印本)，四川辞书出版社、湖北辞书出版社1993年版，第1226页。

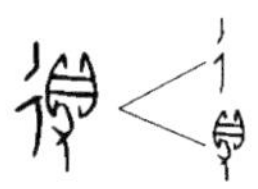

由甲骨文“(得)”所拆分出的“(彳)”是独体偏旁，而“(导)”则是合体的。值得注意的是，如前所述，如果非要拆分出合体偏旁的话，那就必须满足这样一个条件，即这个合体偏旁必须是由一个独立的合体字演变而来的。据查，甲骨文有“(得)”字，是“(得)”的古字充当了“(得)”的声旁，可见“(导)”是由本字“(得)”演变而来，所以才具备充当合体偏旁的资格。

第四，任何一个偏旁都是凭借特定功能参与合体字构造的。偏旁的功能以其本字的形音义为认知前提，所以根据偏旁与其本字音和义之间的联系，从功能角度可以把偏旁分为表意的形旁和表音的声旁两种。也就是说，偏旁要么作为形旁要么作为声旁参与合体字的构造。特定的造字法对参与合体字构造的偏旁有特定的要求，造字法不同，对偏旁的功能要求也不同。如会意字和重形字要求参与构造的都是形旁，而形声字则要求由形旁和声旁构成等。

综上所述，偏旁和字根是性质不同的两个概念。偏旁是造字法的概念，是因特定功能参与造字的直接成分；而字根则是从构形法角度拆分出的合体字最小的结构单位，不牵扯造字法分析问题。

（三）关于部首

1. 部首的由来及其性质

“部首”之说是许慎在《说文》中首创。许慎在《说文》中共提出 540 个部首。许慎提出部首的方法可以概括为“立一为耑”和“据形系联”。“立一为耑”是指用“一”字作为开头。“据形系联”是指把具有某个构形成分的字提取出来并列为一组，称之为“部”，并把该构形成分放在该部打头部分，称之为“部首”。许慎在《说文》中共系联出了 540 个部首，史称“540

部”，分为“十四部分”。如《说文·弟一》中用“一”系联出如下部首：

一、丄、示、三、王、玉、珏、气、士、丨、屮、艸、蓐、茻

《说文·弟一》先提出“一”这个构形成分作为系联参照，为了称说的方便，我们把作为系联参照的字形称作“系联字”，然后把含有系联字“一”的字如“丄、示、三、王、玉”等一一罗列出来，称之为“系联组”。《说文·弟一》中所系联出的部首共有两个系联组——第一组是用系联字“一”所系联出的“一、丄、示、三、王、玉、珏、气、士”，该系联组是因为都含有“一”而被系联出来；第二组为“丨、屮、艸、蓐、茻”，这是以“丨”为系联字系联出来的。据形系联的关键问题就是每个系联组之间的转接问题。许慎在完成第一组的系联之后，会用第一个系联组最后一个字“士”中含有的构形成分“丨”作为系联字继续系联出“屮、艸、蓐、茻”等。这种系联体的接续方式，就像接力赛，因此称作“接力式”。以此类推，许慎最终从 9353 个小篆中系联出了 540 个部首，当系联出部首之后，许慎把含有同一个部首的合体字排列在一起作为一部，使之“分别部居，不相杂厕”。每部字都有一个作为共有的构形成分的“系联字”排在每部之首，所以称之为“部首”，顾名思义就是每部之首。每部字则根据部首来命名，如《说文·水部》：

水——河（河）、汝（汝）、淮（淮）、江（江）、泗（泗）、汾（汾）、派（派）、流（流）、沙（沙）、泅（泅）、涉（涉）、活（活）、汪（汪）、洋（洋）、波（波）、液（液）、渴（渴）、沐（沐）、浴（浴）、淋（淋）、浇（浇）、濯（濯）、洗（洗）、涕（涕）……

每部之字均以部首为枢纽构造出来，部首是该部字的核心成分。因部首的不同可把合体字分成一个个部族，有多少个部首，就可把汉字分成多少个部族。这里有一个问题值得深思，那就是部首在造字过程中都起到哪些作用呢？这个问题关乎着部首的性质。我们拟把部首引入认知实践过程之中，从认知论的角度来探讨部首与其合体字之间的关系，并以此为前提来探讨部首的功能及性质。例如，先民描述水流动的特征造出甲

骨文“[铁九九·四]”“[甲二四九一]”和“[前二·四·三]”等以记认水流，然后再将其作为部首造出一组合体字以记认水流的一种。需要特别说明的是，甲骨文“[前二·四·三]”充当部首造合体字时常省略作“（水）”和“（水）”等。那么，部首和所造合体字之间肯定会存在着某些联系。如：

水（、、、）——

①（河，黄河）、（汝，汝河）、（洛，洛河）、（淮，淮河）……（类属关系，表示河流类事物）

②（涉，过河）、（永，游泳）、（冲，冲刷）、（沚，河中露出的沙地）……（相关联系，表示与河流相关）

③（洒，洒水）、（沫，洗脸）、（浴，洗浴）……（相关联系，表示与水相关，与水流间接相关）

从认知论的角度来看，“[前二·四·三]”作为部首是提取某类事物的共性特征而成字的，所以字形能直观体现事物的特征，部首借助所体现的事物特征才会获取造合体字来记认该类事物或与该事物相关的认知内容的功能。我们把每部字所记认的某类事物称为“认知范畴”，每类事物只有经过符号记认才会固化下来形成知识范畴，而通过部首等符号记认某认知范畴的过程就可以称为“认知范畴化”。由此可见，部首是认知范畴化的产物和工具。任何事物的发生和发展都是有条件的，部首是如何构成认知范畴的呢？我们认为部首是通过自身所能体现的事物之间的联系来造合体字以形成特定的认知范畴。那么，部首是通过事物之间哪些联系来形成认知范畴的呢？从前面例举的甲骨文水部字来看，水部字是利用了“类属关系”和“相关联系”两种联系造合体字构成了水部这一认知范畴。[1]

① 参见王玉新：《汉字部首认知研究》，山东大学出版社2009年版，第22页。

(1)类属关系

所谓的类属关系是指，部首提取某类事物特征而成字以记认符合该类事物特征的所有事物，而由部首所造合体字所记认的却只是该类事物的一种。由部首所造之合体字称为“属字”。部首所记认的事物范围包含由该部首所造属字的范围，这就是所谓的“类属关系”。如前面提到的甲骨文部首“[铁九九·四]”“[甲二四九一]”和“[前二·四·三]”等字，都是因描述河水流动特征而成字的，所记认的范围包括具有流动特征的所有的水流。从逻辑学角度看，部首所表达的是“属概念”，而由部首所造属字只记认水流中的一种，是“种概念”，部首所记认的事物范围包含着所造合体字所记认的事物，这样部首和所造合体字所形成的关系就是一种包含和被包含的关系，即类属关系，其实就是逻辑学所说的“属种关系”。如前面所例举的部首“[前二·四·三]”和例“①[前一·四八·五]、[京津二〇〇七]、[存下九七四]、[前二·一六·三]”等之间的关系。

河——，黄河。从“(水)”以表示水流，从“(丂)”，“(丂)”亦声。“(丂)”描画弯曲的拐杖之形而成字，在这里借指弯曲。如甲骨文“(考)”，从“(耂)”表示老人，所从之“(丂)”以示老人持杖。《说文》小篆“考”作“”。《说文·老部》“，老也。从老省，丂声。”按：许慎“丂声”之说有待商榷。丂，乃甲骨文“[前七·三五·一]”“[后下三五·五]”“[前二·二·六]”等字中的“”和“”等弯头的拐杖所讹变。老，《说文》小篆作“”。《说文·老部》：“，考也。七十曰老。”商承祚《殷虚文字类编》：“(甲文)象老者倚杖之形。”按：许慎“考”“老”互训说明“考”和“老”两字构造相同，其甲骨文均描述老人持杖之形。由此可知，“丂”乃老人所持之杖演化而来。由此推断，“(河)”字中的“(丂)”乃借拐杖之形表示弯曲之意无疑，因河专指弯弯曲曲的黄河，所以从“(丂)”表示弯曲。河，《说文》小篆承甲骨文“[甲二四九一①]”省略声旁(省略声旁“何”为“可”)作形声字

“”，隶变作“河”。《说文·水部》：“，水。出敦煌塞外昆仑山，发原注海。从水，可声。”因黄河属于河流类，所以从水作部首表示河流之属。

汝——甲骨文作“[京津二〇〇七]”，汝河。从“（水）”表示水流之属，“（女）”声。因汝河属于河流类，所以从水作部首表示河流之属。

淮——甲骨文作“[前二·一六·三]”或“[续三·三〇·六]”，淮河。从“（水）”表示水流之属，从“（隹）”，“（雥）”省，表示多、杂。从“雥”意在表示淮河是由多条河流汇集而成。因淮河属于河流类，所以从水作部首表示河流之属。

作为部首的“[铁九九·四]”“[甲二四九一]”和“[前二·四·三]”等都是描述水流动的特征而成字，以记认所有水流，具备因水流特征而造合体字以表示水流的认知条件，其所造合体字“（河）”其“（汝）”和“（淮）”等用以记认河流的一种。总之，凡是部首所记认的范围包括由该部首所造属字记认的范围，就属于这里所说的“类属关系”。凡是抽象事物特征而成字的部首都具备凭借类属关系造合体字以记认某认知范畴的条件。

(2)相关联系

例如有些东西与水流相关，看到水部所表征的水流的特征，自然而然地就会联想到与水流有关的东西从而形成相关联系，所以水部就可以通过相关联系造合体字以扩大认知范畴的范围。值得注意的是，从类属关系延伸到相关联系，是事物普遍联系在人脑中的反映，同时也是部首功能延伸的表现，是从侧面反映出词义引申的一种方式。相关联系共有两种：

其一，直接相关。如前面所例举甲骨文水部例“②[京津四四〇九]、[甲二地一四]、[明藏五二〇]、[甲二四〇六]”。

（涉）——，步行过河。从“（水）”表示河流，从“（步）”表示步行。因过河与河流相关，所以从“（水）”作部首表示与水流相关。

（冲）——，冲激。从“（水）”表示水流，“（中）”声。因冲激与河流相关，所以从“(水)”作部首表示与水流相关。

(沚)——，河流中露出的陆地。从“(水)”，“(止)”声。《说文》小篆作“”，隶变作“沚”。《说文·水部》：“，小渚曰沚。从水，止声。”按：渚，《说文》小篆作“”，隶变作“渚”。《说文·水部》：“，水。在常山中丘逢山，东入湡。从水，者声。《尔雅》曰：‘小洲曰渚。’章与切。”按：洲，同“州”，甲骨文作“[粹二六二①]”，象河流中露出的陆地。按：沚，河流中的陆地，与水流有关，所以从“(水)”作部首表示相关联系。

其二，间接相关。部首表示与水有关，水来自水流，与水流间接相关。如前面所举例“③[前二·一○·三]、[宁沪二·五二]、[前一·五一·一①]”。

(洒)——，从“(水)”，“(西)”声。《说文》小篆作“”。《说文·水部》：“(xǐ/sǎ)，涤也。从水，声。古文为洒扫字。”按：小篆“”，隶变作“西”。与水相关，所以从“(水)”作部首表示与水相关。

(沫)——，描述人弯腰从皿中捧水洗脸之状。《说文》小篆作“”。《说文·水部》：“，洒面也。从水，未声。”按：“洒”又读“xǐ”，因洗脸需用水，与水相关，所以从“(水)”作部首表示与水相关。

(浴)——[前一·五一·一①]，从皿盛水表示洗浴之意。至《说文》小篆更换偏旁作“”，隶变作“浴”。《说文·水部》：“，洒身也。从水，谷声。”按：“洒身”即“洗身”，“洒身”之“洒”，读“xǐ”，同“洗”。因洗涤与水有关，所以从“(水)”作部首表示与水相关。

再如：(木)——

①“[簋游一○九①]”(柳)、“[前一·六·六]”(桑)、“[珠一二一]”(朱)……(树木类事物，类属关系)

②“[京津五五五六]”(林)、“[后下三·二]”(森)、“[乙八七二三)]”

(束)……(与树木相关,相关联系)

③“[前二·一八·六①]”(棋)、“[甲三五〇七]”(茱)、“[乙七一六〇]”(柄)……(木制品,因木头取之于树木,与树木相关,相关联系)

甲骨文“(木)”部所造之字共分为“树木类”“与树木相关”和“木制品”三类。

第一,树木类。

“(木)”作部首造属字“[篮游一〇九①]”(柳)、“[前一·六·六]”(桑)、“[珠一二一]”(朱)等,因部首“(木)”是提取树木之树枝、树干和树根三个特征而成字的,用作部首时首先让人联想到的就是树木,所以首先造合体字表示树木以构成类属关系。通过类属关系实现认知范畴化是部首的基本功能。

(柳)——,柳树。从“(木)”表示树木之属,从“(卯)”表示发芽的季节。《说文》小篆作“”,隶变作“桺”,现代汉字作“柳”。

(杞)——,枸杞。从“(木)”表示树木之属,“(己)”声。《说文》小篆承之作“”,隶变作“杞”。《说文·木部》:“,枸杞也。从木,己声。”按:枸杞属树木(灌木)类,所以从木作部首表示树木之属。

(桑)——,象桑树枝叶繁茂之状。《说文》小篆更换偏旁作“”,隶变作“桑”。《说文·叒部》:“,蚕所食叶木。从叒、木。”按:桑,从叒(三又),描述一把一把地采集桑叶之状。部首“木”表示树木之属。

(朱)——,《说文》小篆作“”,隶变作“朱”。《说文·木部》:“,赤心木。松柏属。从木,一在其中。”部首“木”表示树木之属。

第二,直接相关,与树木相关。

如上述例“②[粹七二六①]、[甲二二八九]、[乙八七二三]”。

(林)——,《说文》小篆承之作“”,隶变作“林”。《说文·林部》:“,平土有丛木曰林。从二木。”按:“二木”表示树木多之意。因林与树木有关，所以从木作部首以表示与树木相关。

（束）——，《说文》小篆作“”，隶变作“束”。《说文・束部》：“，缚也。从口、木。”许慎所说“缚”即缚木成束之意，缚木成束与树木相关，所以从木作部首。

（朿）——，《说文》小篆承之作“”。《说文・朿部》：“，木芒也。象形。”按：芒，芒刺。按：因木芒与树木相关，所以从木作部首表示相关联系。

第三，间接相关，表示木制品。

木制品与木材直接相关，木材取之于树木，故木制品与树木间接相关。如上述例“③[前二・一八・六①]”，，上从“木”作部首表示与树木相关，下用“其”作声旁，《说文》小篆倒反结构作“”，《说文・木部》：“，博棊。从木，其声。”棊简化字作“棋”。按：棋秤、棋子乃木制品，所以从木作部首以表示间接相关。

综上所述，部首的认知功能取决于部首所提取的事物特征。部首是凭借字形所体现的事物特征形成“类属关系”并通过联想构成“相关联系”来造合体字以构成特定的认知范畴，所以部首是认知范畴化的产物和工具。部首在认知发展到范畴化阶段时才会产生，而认知范畴化是抽象思维的第一个必要环节，所以部首反映着由个别到一般、由感性到理性的认知飞跃过程。

2. 从“凡 x 之属皆从 x”看汉字部首功能

许慎《说文》在分析完每个部首造字法后，紧接着就对每个部首的功能作了相应的概括（词义认知）。如“木”，《说文》小篆作“”。《说文・木部》：“，冒也。冒地而生。东方之行。从中，下象其根。凡木之属皆从木。”关于木部的解释可分为三部分：第一，“冒也”是词义概括（词义认知）。第二，“冒地而生。东方之行。从中，下象其根”是构造分析。第三，

“凡木之属皆从木”是部首功能的概括。再如：

雨——雨，《说文》小篆作“”。《说文·雨部》：“，水从云下也。一象天，冂象云，水霝其间也。凡雨之属皆从雨。”

火——火，《说文》小篆作“”。《说文·火部》：“，燬也。南方之行，炎而上。象形。凡火之属皆从火。”按：在《说文》中“火”和“燬”两字互训，如：“燬，火也。从火，毁声。”可见，“燬”和“火”同义。

土——土，《说文》小篆作“”。《说文·土部》：“，地之吐生物者也。二象地之下、地之中，物出形也。凡土之属皆从土。”

水——水，《说文》小篆作“”。《说文·水部》：“，准也。北方之行。象众水并流，中有微阳之气也。凡水之属皆从水。”

禾——禾，《说文》小篆作“”。《说文·禾部》：“，嘉谷也。二月始生，八月而孰，得时之中，故谓之禾。禾，木也。木王而生，金王而死。从木，从𠂹省。𠂹象其穗。凡禾之属皆从禾。”按：𠂹，同“垂”，下垂。如《说文·𠂹部》：“𠂹，艸木华叶𠂹。象形。”

鸟——鸟，《说文》小篆作“”。《说文·鸟部》：“，長尾禽总名也。象形。鸟之足似匕，从匕。凡鸟之属皆从鸟。”鳥，简化作“鸟”。

犬——犬，《说文》小篆所“”。《说文·犬部》：“，狗之有悬蹄者也。象形。孔子曰：‘视犬之字如画狗也。’凡犬之属皆从犬。”

鱼——鱼，《说文》小篆作“”。《说文·鱼部》：“，水虫也。象形。鱼尾与燕尾相似。凡鱼之属皆从鱼。”按：魚，简化作“鱼”。

人——人，《说文》小篆作“”。《说文·人部》：“，天地之性最貴者也。此籀文。象臂胫之形。凡人之属皆从人。”

目——目，《说文》小篆作“”。《说文·目部》：“，人眼。象形。重童子也。凡目之属皆从目。”

《说文》中共提取了540个部首，无一例外，对每一个部首都作出了上述功能概括。那么,“凡木之属皆从木”这句话又该如何理解呢?“凡木之属皆从木”中共有两个“木”,第一个“木”,据《说文》中木部字所涵盖的范围来看,涵盖类属关系和相关联系,那么,“凡木之属”的意思是:凡是树木及相关之事物。可见,第一个“木”指的是树木及相关事物,古代称“树”作“木”。“皆从木”的“木”指的是木字这个部首。为什么“皆从木”呢?换句话说,即为什么木字能充当部首以表示“凡木之属”呢?这是因为木这个部首是提取树木特征所造,可以依据字形所表现的树木的特征构成类属关系和相关联系,把树木及与树木相关事物联系在一起造合体字予以记认从而构成木部这一认知范畴。下面以《说文》中部分木部字为例加以说明:

木(木)——①楊(杨)、柳(柳)、榆(榆)、槐(槐)……(类属关系,乔木类)

②桃(桃)、李(李)、杏(杏)、橙(橙)……(类属关系,果树类)

③林(林)、森(森)、本(本)、末(末)……(相关联系,与树木相关)

④材(材)、杠(杠)、株(株)……(相关联系,木材、木头,因木材取之于树木,所以间接与树木相关)

⑤椅(椅)、柜(柜)、棺(棺)、案(案)……(相关联系,木制品,与木材直接相关,因木材取之于树木,所以间接与树木相关)

虽然上列木部字有五个部分,但从事物的普遍联系的角度来看,无非是通过类属关系和直接相关、间接相关形成的,这是个普遍规律。凡是抽象事物特征所造之部首,都能依据类属关系和相关联系构成某认知范畴。因部首是抽象事物特征所造,那么部首形体直接凭借字形所体现的事物特征就能涵盖具有这一特征的所有事物,自然就能形成类属关系,而相关联系是借助类属关系通过联想以拓展认知范围而实现的,所以部首就获取了通过类属关系及通过联想形成相关联系造合体字以记认某认知范畴的功能。可见,据《说文》每部字涵盖的范围来看,“凡木之属皆从木”中

“凡木之属”除了包括树木类事物外，还应该包括与树木相关的木材和木制品在内。

为了进一步了解部首的普遍功能，我们可以把“凡木之属皆从木”中的“木”用代数法替换为“x”，就可以推导出“凡 x 之属皆从 x”这一公式，该公式中的“x”可以替换为任何一个部首。如果这样推而广之，就可以理解为任何一个部首 x 都具有记认“凡 x 之属”的范畴化功能。具体地说，凡是抽象某类事物特征的部首，都具有借助类属关系和相关联系以记认某类事物或相关事物以构成认知范畴的功能。我们把部首借助事物某些联系造合体字以记认某类事物形成认知范畴的功能简称为“类化功能”。类化功能是部首之所以成为部首的认知条件，其实也是部首本质特征的体现。

部首是先民在认知实践中为记认认知范畴所造，所以一个认知范畴就有一个部首，有多少个认知范畴就有多少个部首，部首是认知范畴化的产物和工具，是认知范畴的直观标志，标志着抽象思维由个别到一般、由感性到理性的发展状态，也是先民抽象思维进化的标志。

综上所述，许慎在《说文》中采用据形系联方法创建部首系统，并把同部首之字组合在一起，构成一个个的“部”（认知范畴），彰显出了汉字的系统性特征，为汉字系统研究开了先河，对于古汉字和现代汉字的系统化处理以及集中识字法教学研究均具有不可或缺的理论和实践意义。

3. 关于部首与偏旁的区别

部首和偏旁是两个既有联系也有区别的概念，部首虽然是偏旁，但偏旁不一定是部首，二者功能不同，所以偏旁和部首的内涵和外延是有区别的，不能混为一谈。

偏旁是合体字构造的直接成分，根据其功能可分为形旁和声旁。如可把“沐”“河”“沱”和“涉”这四个字作如下拆分：

——从“(水)”,“(木)”声

——从“(水)”,“(可)”声

——从“(水)”,“(可)”声

——从“(水)”,“(步)”声

以上共拆出五个不重复的偏旁。但是,四个字却共有“”这个形旁,“”这个形旁就是部首。这个作为形旁的部首和偏旁有何区别呢?如果从构形法角度来看,部首是一组合体字中共有的形旁。部首是偏旁,而且一定是形旁,这是部首和偏旁之间的联系。再如:

木——杨、柳、槐、松、柏、榆……(类属关系,树木类)

材、板、棒……(相关联系,木材,与树木有关)

桌、椅、杌、柜、橱……(相关联系,木制品,与木材有关,与树木间接相关)

上述木部字中只有木字这么一个共有的偏旁,这个偏旁是形旁,而这个形旁同时也是部首。如果从认知论角度看,木这个形旁具有通过类属关系和相关联系构成“凡木之属”这一认知范畴的功能,是认知范畴化的产物和工具,那么这个具有范畴化功能的“木”就是部首。部首是认知范畴化的产物和工具,这是部首的本质特征,也是部首与偏旁的本质区别。

(四)关于甲骨文合体字结构的拆分问题

合体字的结构拆分是合体字构造分析的必要环节,拆分法不同会直接影响到合体字造字法分析过程和结果,所以有对甲骨文合体字的结构拆分法作深入探讨的必要。

甲骨文合体字的结构拆分有构形法和构造法之别。对于由两个部件构成的合体字,无论是构形法拆分或是构造法拆分,其拆分结果都是一样的。如甲骨文“[前五·二六·三]”(休)字,不管是构形法分析还是构造法

分析，其结果都以拆分出“（人）”和“（木）”这两个部件为止，同时也是两个偏旁。但是对于由三个或三个以上的部件构成的合体字，则有构形法分析和构造法分析之别，其区别有以下两点：

其一，拆分的出发点不同，拆分出的单位不同。构造法拆分是一种功能分析法，以拆分参与合体字构造的直接成分为目的，因为偏旁是合体字构造的直接成分，所以只能以拆分到具有特定功能的偏旁以适配所预期的某种造字法为限度，不管偏旁是独体的还是合体的。如甲骨文“[京都二一一三]”（得）字，如果拆分出“（彳）”和“（导）”这两个偏旁，正好与从“（彳）”，从“（导）”，“（导）”亦声的会意兼形声这一造字法相适配，而且还充分利用了“（导）”的表音功能。“（导）”具有表意兼表音的功能，就构造法分析而言只会将其作为一个单位来看待，不必再拆分。而构形法分析则不同，其目的是为了拆分出构成合体字的部件，所以必须拆分到最小的结构单位即部件为止。如“（得）”必须拆分出“（彳）”“（贝）”和“（又）”这三个最小的结构单位为止。

其二，拆分的出发点不同，拆分的层次不同。构形法分析必须采用层次分析法拆分，一直拆分到最小的结构单位为止。如“（得）”：

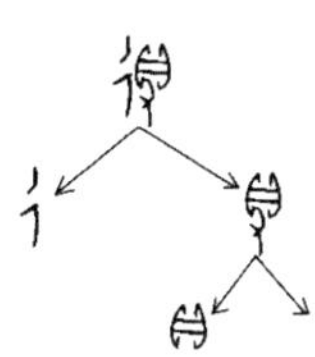

构形法分析的目的是分析出最小的结构成分，必须进行层层拆分，不必去关心所拆分出的单位有何功能以及该合体字到底属于何种造字法。这样拆分出的最小的结构成分有的称之为“部件”，有的称之为“字素”或“形素”等。再如：

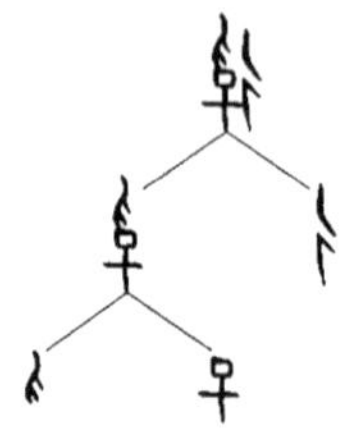

以上进行多层次拆分，一直拆分到部件为止，如把“(俘)”拆分出“(彳)”“(爪)”和“(子)”这三个部件。而构造法分析则不同，构造法分析是以造字法分析为前提的，由于所有的偏旁都是在一个层面构成特定的造字法，所以构造法分析只能在一个层面上直接拆分出形旁或声旁以适配某种造字法为止，即只要拆分出具有形旁或声旁这些特定功能的偏旁与某种造字法相适配就可以了，不必拆分到最小的结构单位。如“(俘)”，如果作构造法分析，可以拆分为：

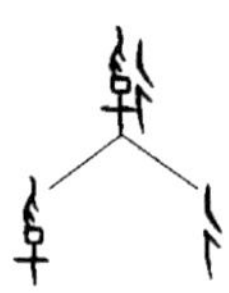

这样拆分，可以满足“从(彳)，从(孚)，(孚)亦声”的会意兼形声字的预期，也充分利用了“(孚)”的表音功能。当然也可以将其拆分为“(彳)”“(爪)”和“(子)”这三个偏旁，与会意字相匹配，那就可以把造字语言理解为：在路上俘虏了一个人。

有些由多个部件构成的合体字，有二分法和多分法之别，应该选择最适当的拆分法。如“(森)”，《说文》小篆作“”，隶变作“森”。《说文·林部》：“，木多皃。从林从木。”从“从林从木”中的形旁的术语“从”字来看，这是把“(森)”作了二分法分析，直接拆分出了“林”和“木”两个形旁，并把词义概括(词义认知)为“木多皃”。王筠据玄把“木多皃”之说改为“多木长皃也”，并注：“言多者，三木也；言长者，木出于林上也。”可见，王筠采用三分法将其拆分为“三木”以体现其树木之多，同时又采用二分法拆分“木出于林上”以彰显树木之高大。拆分的出发点不同，其分析的结果会有所区别，应该具体问题具体对待。到底采用哪种方法拆分，关键看对造字语言的理解。

二、合体字构造拆分的原则

合体字的拆分会直接影响到合体字造字法的分析。合体字的拆分是有规律可循的，为了科学地进行构造法拆分，笔者特归纳出以下几个原则。

（一）直接成分拆分原则

所谓的“直接成分拆分原则”是指合体字拆分必须以拆分出直接参与合体字构造的具有特定功能的作为直接成分的偏旁以适配造字法的预期为出发点。贯彻直接成分分析法应注意以下几个问题：

其一，以拆分直接成分为出发点。该原则要求所拆分的是构成合体字的直接成分。直接成分是指具有特定功能的直接构成合体字造字法的偏旁。因为所有偏旁都是在一个层面上、以特定功能相互发生关系直接构成合体字的，所以合体字的构造拆分也只能在一个层面上对合体字偏旁作一次性拆分。这是构造法拆分和构形法拆分的区别所在。但是因偏旁数量的不同，合体字的拆分会有二分法或多分法之别，对于两个偏旁构成的合体字，可采用也只能采用二分法来拆分。如：

“[前五·二六·三]（休）”——（人）、（木）

“[前五·三六·一①]（采）”——（爪）、（桀）

“[粹一一七八]（涉）”——（步）、（水）

拆分完成后再根据偏旁之间的关系判断造字法以揭示其造字理据。如果是两个以上的偏旁构成的合体字，就有二分法或多分法之别。例如

“[京都二一一三]”（得），若采用二分法则可以拆分为“（彳）”和“（导）”这两个偏旁，造字语言可理解为：途中捡了钱财。从“（彳）”，从“（导）”，“（导）”亦声。如果采用三分法则可以直接拆分为“（彳）”“（又）”和“（贝）”三个偏旁。其造字语言可理解为：在路上捡到钱财。词义可认知为：得到。两种拆分皆可通。

其二，拆分出合体偏旁是有条件的。值得注意的是，如果要拆分出合体偏旁，那就必须满足这样一个条件——必须有本字，即合体偏旁一定是由一个独立的合体字演变而来的，这个字就是偏旁的本字。偏旁必须有本字，即同时期有一个相对应的合体字存在，否则没有本字形音义的支撑，就没有任何功能可言，也就不可能充当偏旁。如把“（得）”字拆分为“（彳）”和合体偏旁“（导）”，据查，甲骨文中有“[粹二六二]”（导），这说明“（得）”字中的声旁“（导）”是由独立使用的“（导）”字演变而来的，所以具有充当偏旁的认知前提。

（二）功能限定原则

功能限定原则要求，在拆分合体字时，采用二分法也好，多分法也罢，都必须以一次性拆分出具有特定认知功能且与某种造字法相适配的偏旁为出发点和限度。关于偏旁的功能，传统汉字学把表意的偏旁叫作“形旁”，把表音的偏旁称作“声旁”，这就是传统汉字学对偏旁功能的认识。直接成分分析法则要求在一个平面上拆分出要么表意、要么表音的偏旁作为造字法判断的依据。因为构造法分析的目的是要判断该字属何种造字法，而造字法判断又必须以偏旁功能的判断为条件，构造法分析不能破坏偏旁的功能，所以构造法分析只能拆分到构成合体字的具有特定功能的偏旁为止。这是汉字构造分析的一个基本原则，即“功能限定原则”。如前所述，对于甲骨文“（得）”有二分法和多分法之别，这就看所拆分的偏旁其功能是否与造字法相适配了——采用三分法可以直接拆分为“

（彳）”“（又）”和“（贝）”三个偏旁与会意字相适配；采用二分法可以拆分为“（彳）”和“（导）”两个偏旁，与从“（彳）”，从“（导）”，“（导）”亦声的造字法相适配，这种拆分的优点是不仅发挥了“（导）”的表意作用，同时也发挥了“（导）”的表音功能。由此可见，构造法分析其实是与造字法预期选择相适配的过程，也是一个拆分策略优选过程。

（三）部首先定原则

合体字都是以部首为枢纽构造的，部首是合体字构造的关键部分，作合体字拆分必须先把部首确认下来，否则不仅会影响偏旁拆分，而且也会影响造字法分析。如甲骨文“森”字有“[后下三・二]”或“[金四七二①]”多个字形，而且这些字形间架结构也不同，至《说文》小篆承甲骨文“[后下三・二]”统一字形作“”。《说文・林部》：“，木多皃。从林从木。”据“从林从木”可知，许慎先确认“”的部首是“林”，所以才会采用二分法把“”拆分为“从林从木”，即拆分为“林”和“木”两个偏旁。王筠则据玄应改为“多木长皃也”，并注：“言多者，三木也。言长者，木出于林上也。”可见，王筠给出了两种选择：如果强调“言多者”，那就必须拆分成“三木也”，即采用多分法拆分为三个“木”；如果强调“言长者”，那就必须拆分为“木出于林上也”，即采用二分法拆分出“木”和“林”两个偏旁。虽然王筠给出了两种选择，但实际上在具体分析时只能选择其中的一种进行分析，能不能同时作两种分析将会牵扯到字的造字理据与语境义的关系。许慎《说文》认为“”字的部首是“林”，所以才作出了“从林从木”的二分法拆分；而王筠给出的两个选择都是把部首先确定为“木”。那么，如何确认部首呢？这里涉及部首确认的原则问题。为了正确认识甲骨文部首，我们先来讨论部首的几个特征：

1. 能产性

所谓的能产性，是指部首作为偏旁参与合体字的构造的能力。从构形法的角度来看，部首是合体字构造的枢纽，是一类合体字共有的形旁，具有很强的构字能力。传统训诂学还把部首所造之合体字称作“属字”。如果一个部首属字多，那就表明造字能力强，也就是具有能产性的特点。能产性是部首之所以为部首的必要条件。如从“[粹一九四]”（又）所造“[前五・一二・一]”（專）、“[菁一・一]”（友）、“[粹六六五]”（及）等属字都有一个共有的形旁“（又）”，上述所有属字都是围绕“（又）”这个部首造出来的，属字较多，这说明“（又）”这个部首造字能力强。我们把造字功能强的特点称为“能产性”。需要注意的是，有能产性的不一定就是部首，因为具有能产性的不只部首，有些偏旁也具有能产性。例如“可”字常作为声旁来构造合体字，“河”“坷”“呵”“柯”“珂”“苛”和“疴”等字中都有一个声旁“可”，也具有能产性，但它不是部首。再如“妈”“吗”“骂”“码”“玛”和“蚂”等字中都有一个声旁“马”，虽然高产，但也不是部首。判断一个字是不是部首，除了能产性这个必要条件之外，还必须具有其他依据才行。

2. 类化功能

甲骨文部首是抽象事物的共性特征所造，其字形涵盖着具有该字形所表现的共性特征的所有事物，所以才借以获取类属关系和相关联系造合体字以记认该类事物及与之相关的事物，从而构成一个类聚体（认知范畴），我们称之为“类化功能”。其实部首只有凭借类化功能才能成为部首，才能成为认知范畴化的产物和工具。类化功能是部首的本质特征，不具备类化功能的偏旁肯定不是部首。部首的类化功能是借助类属关系和相关联系实现的（可参见前文讲解，此处不再赘述）。

声旁虽然也有能产性，如前面列举的“可”和“马”两个声旁，但其没有类化功能，所以不可能成为部首。

甲骨文部首的范畴化功能，不仅为后世文字所继承，而且其逻辑性越来越严密，如《说文・水部》：

——

①(河)、(汝)、(淮)、(江)、(泗)、(汾)……(水流类)

②(派)、(流)、(沙)、(泅)、(涉)、(波)……(与水流相关)

③(渴)、(沐)、(浴)、(淋)、(浇)、(洗)……(与水相关)

④(液)、(汗)、(酒)……(液态事物)

部首“”只有借助类属关系和相关联系造属字才能构造水部这一认知范畴。

从认知的发生过程来看,部首所借助的类属关系和相关联系是有先后逻辑顺序的,即先有类属关系,然后才能在类属关系的基础上通过联想产生相关联系。部首“”源于甲骨文“[前二·四·三]”(水),是因表形法而成字的,即描述河水流动的特征而成字,作部首时首先借助类属关系构成合体字以记认水流类事物,所以表示河流的合体字均以“”为部首,如例“①(河)、(汝)、(淮)、(江)、(泗)、(汾)”。而后,借助水流联想到与水流相关的事物产生相关联系,分直接相关和间接相关两种,如:

(派)、(流)、(沙)、(泅)……(直接相关,与水流相关)

(渴)、(沐)、(浴)、(淋)……(间接相关,与水相关)

(液)、(汗)、(酒)……(象征关系,表示液态事物等)

部首通过抽象某类事物共性特征而成字,从而获取记认该类事物和相关事物以构成认知范畴的类化功能,这是思维由感性向理性认识发展的关键环节。部首是抽象思维高度发达的标志,既是范畴化的产物,同时也是认知范畴化的工具。因此,认知范畴化或者说类化功能,是部首的本质特征,这也是认定一个偏旁是否具备部首资格的认知论依据。

3.话题相关性

我们把先民在认知实践中为记认所认知事物和体验生活的内容而成

字的方式称为“造字语言”。既然称之为“语言”,那就是说造字语言其实和自然语言一样也是一种表达方式,只不过是用线条作为形式罢了。既然是“语言”,那造字过程也必定会涉及语言交流活动赖以存在的一个要素,那就是“话题”。什么是话题呢?任何一句话都要有一个而且也只能有一个被提到的什么。例如:“春天来了。”这句话中的“春天”就是话语中那个被提到的什么,我们习惯称之为“被提到”,这个“被提到”就是我们这里所说的“话题”。具体一点说,所谓的话题就是言语表达时所被提到的人、事或物。造字也是一样,造字时也必然会涉及一个话题,造字语言也是围绕这个话题展开的。例如“休”,《说文》小篆作“”。《说文·木部》:“,息止也。从人依木。”既然是“人依木”,那话题必然是人,那么就应该用人字作部首。从这个意义上来看,许慎把休字归为木部似有不妥,因为木这个偏旁在这里没有类化功能,再说“休止”这一人的行为也没法归到“木之属”之中去。再如“牢”,甲骨文作“[粹五七四①]”和“[后下三·一四]”。“(牢)”,牛圈,从“(栅栏)”表示圈牛之处,从“(牛)”表示与牛有关。“(牢)”,羊圈,从“(宀)”表示圈羊之处,从“(羊)”表示与羊相关。至《说文》小篆始统一字形作“”,隶变作“牢”。《说文·牛部》:“,闲,养牛马圈也。从牛,冬省。取其四周帀也。”按:许慎《说文》把牢字归入牛部似有不妥。据许慎“养牛马圈”之说,牢是圈马牛羊的圈,话题自然是这个圈牛羊的建筑物(或栅栏或房屋),所以必须以表示建筑物的“宀”为部首。由此可知,部首就是作为话题的代表参与合体字构造的,所以判断一个偏旁是不是部首就看偏旁是否与话题相关。假如造字语言同时涉及的话题有人、事抑或是什么物等多个话题时,那么就该确认与话题契合度或相关度高的偏旁作部首。如“休”,“人依木”这一造字语言同时涉及人和木两个话题,但是“人依木”属人的行为,与偏旁人(亻)的相关度高,应当认定偏旁人(亻)作部首。造字语言涉及什么话题,就用代表该话题

或与该话题相关度高的偏旁作部首，可类推如下：

第一，甲骨文中凡涉及人体、人的器官以及人的行为等话题时，就认定与人体、人的器官以及人的行为相关的偏旁作部首。如：

(1)甲骨文中凡是以人体本身为话题的合体字，常以“大”或“儿(rén)”等取人体之形之字作部首。如：

亦——甲骨文作“[菁六·一]”，腋窝，是人体的部位，与人体有关，所以从“(大)”作部首，从“”标记腋窝。因为“(大)”是描画人正面站立之形以记认人而成字的，所以自然充当部首表示人的腋窝，腋窝是人体的部位，与人相关。

夫——甲骨文作“[前五·三二·一]”，从“(大)”表示与人有关，从“”标记束发之簪。《说文》小篆作“”。《说文·夫部》：“，丈夫也。从大，一以象簪也。周制以八寸为尺，十尺为丈。人长八尺，故曰丈夫。凡夫之属皆从夫。”徐灏笺：“男子已冠之称也。”高鸿缙《中国字例》：“，成人也。童子披发，成人束发，故成人戴簪。”《礼记·冠义》：“古者冠礼，筮日筮宾，所以敬冠事。”按：古代男子二十岁(天子、诸侯可提前至十二岁)举行冠礼，束发加冠表示其已为成人了。可见，夫字是古代“冠礼”的写照，用簪束发加冠以示成人。由于冠礼与成人有关，所以可确认表示人的“大”作部首。

元——甲骨文作“[前四·三二·四]”，人颠顶，即人首。从“(人)”表示人，从“(上)”指事人之首。《说文》小篆作“”，隶变作“元”。《说文·一部》：“，始也。从一从兀。”高鸿缙《中国字例》：“元、兀为一字，意为人之首也。名词。从人，而以‘·’或‘二’指明其部位，正指其处，故为指事字。”按：元，人之首，许慎“始也”乃引申义。另，许慎《说文》把“”字归为“一”部似乎不妥，人之首与人有关，造字语言的话题是人，所以当归“人”[现代汉字变体作“儿(rén)”]部，应确认“儿(rén)”作部首。

(2)凡是涉及人的器官的话题就用表示人器官的偏旁作部首。如：

眉——甲骨文作“[拾一四·三]”，描述目上有眉毛之状。《说文》小篆作“”，隶变作“眉”。《说文·眉部》：“，目上毛也。从目，象眉之形，上象额理也。”眉毛在目之上，话题与目相关，所以从目作部首。

面——甲骨文作“[甲二三七五①]”，描画眼睛及眼睑之形。《说文》小篆作“”。《说文·面部》：“，颜前也。从百，象人面形。”按：面，颜面。古代指上下眼皮。因颜面与眼睛有关，所以从目作部首。

(3)涉及人的行为的话题，常用“人”“大”等作部首。如：

休——甲骨文作“[前五·二六·三]”“[后上一二·八]”或“[后上一二·七]”，造字语言相同。如“(休)”，描述“(人)”背靠树“(木)”之干休息之状。《说文》小篆作“”，隶变作“休”。《说文·木部》：“，息止也。从人依木。”按：许慎把“”归为木部，似有不妥，因为就话题相关原则来看，“人依木”的话题是人，休止是人的行为，行为主体是人不是木，应当据话题相关原则把“休”字归为人部。

夹——甲骨文作“[佚七九二]”，《说文》小篆作“”，隶变作“夾”，简化作“夹”。《说文·大部》：“，持也。从大侠二人。”夹持属人的行为，应从大作部首表示与人相关。

(4)当人的某行为与人的器官或人的肢体相关时，就该从记认人的器官或人的肢体之字作部首。如：

见——甲骨文作“[后下二·一]”“[甲三五二一]”或“[珠二五]”等，造字语言略同。《说文》小篆统一字形作“”，隶变作“見”，简化作“见”。《说文·见部》：“，视也。从儿从目。凡见之属皆从见。”按：由于“视也”是人用视觉器官完成的视觉行为，与人的视觉器官目相关，所以应认定描画人视觉器官所造之目作部首。

秉——甲骨文作“[续六·二三·一〇]”，描述用“(又)”持“(禾)”之状。《说文》小篆作“”。《说文・又部》：“，禾束也。从又持禾。”按：由于“持禾”需用手，与手相关，所以就从又作部首表示人的手所从事的行为。

采——甲骨文作“[前五・三六・一①]”“[铁二四二・一]”或“[佚二七六]”，造字语言略同。如“(采)”，描述抓取树叶之状；采集。从“(爪)”表示捋取，从“(桀)”。《说文》小篆更换偏旁作“”，即《说文》小篆把“桀”更换作“木”。《说文・木部》：“，捋取也。从木从爪。”按：许慎《说文》把采归为木部不妥，因为“捋取”是人用手所从事的行为，与手有关，所以当认定“爪”(现代汉字偏旁化作“爫”)作部首以表示人用手所从事的行为。

第二，先民常借天体来指时间，所以涉及天体、时间等话题，就用取天体之形所造的“日”“晶”和“月”等字充当部首。

如“[甲六七五]，《说文》小篆作“”，隶变作“晶”。《说文・晶部》：“，精光也。从三日。”段玉裁注：“凡言物之盛皆三其文。”徐灏笺：“‘晶’即‘星’之象形文。”“小篆变体有似三‘日’，而非从‘日’也。古书、传于‘晶’字别无他义，‘精光’之训，即‘星’”之引申。因声传为‘子盈切’，遂歧之而二之耳。”按：晶，星的古字，从日作部首表示星体，因日和星都是发光的天体，所以也常从“”作部首表示星体。如甲骨文“(曐)”“[存下一四七]”和“[乙六六七二①]”，造字语言略同(星星的数量多寡不同)。如“(星)”，从“(晶)”表示星体，“(生)”声。《说文》小篆作“”，隶变作“曐”。《说文・晶部》：“，万物之精，上为列星。从晶，生声。一曰象形。从口，古口复注中，故与日同。曐，古文‘’，曐或省。”按：现代汉字承《说文》古文作“星”，星体，从日作部首表示星体之属。

(1)古人据日和月的运行状态来表示时间,时间话题与日月相关,所以可认定“日”或“夕”两字作部首。

时——甲骨文作“[甲三〇]”“[前六·二四·六]”,造字语言相同,从“(日)”作部首表示时间,从“(之)”或“(之)”,拟人用法,表示太阳在行进,“(之)”或“(之)”亦声。《说文》小篆更换偏旁作“”,隶变作“時”。《说文·日部》:“,四时也。从日,寺声。”按:许慎所说“四时”即古代指春夏秋冬四季。“時”,现代汉字简化作“时”,一段时间,如“一寸光阴一寸金”。时,从日作部首表示时间。

旦——甲骨文作“[粹七〇〇]”“[后下三九·一四]”和“[粹九八四·一]”,造字语言相同。“(旦)”,日初升之时。上从“(日)”表示太阳,下从“”表示太阳刚刚离开地面时映在水面上的倒影——日初升之时,面向东边一片水面时,就能清楚地看到太阳映照在水面上一片红色的倒影。至金文或作“[颂鼎]”,描述太阳初升与水面还未完全分离之状,正是日初升之时。日初升与日相关,所以从日作部首。至《说文》小篆作“”,隶变作“旦”。《说文·日部》:“,明也。从日见一上。一,地也。”按:旦,日头刚离开地面之时,与日有关,所以从日作部首表示时间。

昃——甲骨文作“[前七四三·二]”,日头西斜之时。从“(日)”表示与日相关;从“(昃)”表示日头西斜,因日头西斜不好表示,于是就通过人侧身来表示日头西斜之意。至《说文》小篆更换偏旁作“”,隶变作“昃”。《说文·日部》:“,日在西方时。侧也。从日,仄声。《易》曰:‘日𣅋之离。’”按:昃,日西侧之时,与日头相关,所以从日作部首。

用月作部首表示时间的例子,如“[周原卜甲①](夜)”,从“(月)”表示傍晚时间,“(亦)”声。《说文》小篆承甲骨文作“”,隶变作“夜”。《说文·夕部》:“,舍也。天下休舍也。从夕,亦省声。”按:夕和月甲骨文都是描画夕月之形而成字,取形法不同,月直接描画月亮之形而成字以记认月亮，而夕则是借夕月之形而成字以借指傍晚。傍晚时月亮会出现于西方，所以可借月之形表示傍晚。许慎认为“从夕”作部首以记认傍晚，“天下休舍也”指傍晚天下人睡眠之时，即夜晚。

(2)涉及自然现象的话题就用表示相关自然现象的字作部首。如：

雨——甲骨文作“[铁三二·三]”“[前三·二〇·三]”或“[燕一四三]”，造字语言相同。如“(雨)”，下雨，描述很多雨点从天空下落之状。民间有字谜曰：“千条线，万条线，落到水里都不见。”所描述的就是下雨时雨点纷纷下落的状态。至《说文》小篆作“”，隶变作“雨”。《说文·雨部》：“，水从云下也。一象天，冂象云，水霝其间也。”按：许慎“水从云下也”所描述的就是下雨时雨点下落的状态。凡是类似雨或下雨相关的事物均从雨作部首。如“[前四·九·八①]”，《说文》小篆作“”，隶变作“霖”。《说文·雨部》“，雨三日已往。从雨，林声。”按：“雨三日已往”是指阴雨连绵之状。甲骨文“[前四·九·八①]”，从“(雨)”表示下雨，从“(林)”表示树木被雨淋了，“(林)”亦声。再如甲骨文“[乙一四四一]”与“[京津三一一五]”，造字语言略同。“(霻)”，从“(雨)”表示从云中下落之意，即雪花从云中下落；从二帚，表示很多人忙忙碌碌用扫帚在扫雪之状。《说文》小篆作“”，隶变作“霻”。《说文·雨部》：“，凝雨，说物者。从雨，彗声。”按：霻，现代汉字省作“雪”，雪花。从雨作部首表示雪花和雨一样都是从云中落下来，从彐(xuě)表示用帚扫雪之意。

火——甲骨文作“[后下九·一]”“[前六·四九·三]”和“[戬三九·八]”，均描述火焰升腾之状。《说文》小篆作“”。《说文·火部》：“，燬也。南方之行，炎而上。象形。”按：燬，与火同义。许慎《说文》中“燬”与“火”互训。如《说文·火部》：“燬，火也。从火，毁声。”凡是与火有关的话题均从火作部首。如“[京津一四三七]”，从“(火)”，从“(艸)”。描述用“(火)”焚烧草木之状，因焚烧须有火，所以用火作部首表示与火有关。

第三,涉及地理话题的就用表示地理或与地理相关的字作部首。

(1)涉及地理景观话题就用相应的字作部首。

甲骨文“[前二·四·三]”与“[铁九九·四]”“[甲二四九一]”造字语言相同,均描述水之流动的特征而成字,由于字形体现着水流的特征,所以凡是涉及水流或与水流等相关的话题皆可用“(水)”作部首。如:

河——甲骨文作“[前一·四八·五]”“[乙三二三二]”或“[林二·二○·一二]”,造字语言略同,指黄河。黄河属于水流,所以从“(水)”或“(水)”作部首表示水流之属;从“(丂)”或“(丂)”,借拐棍之形代指弯曲,黄河是弯弯曲曲的。甲骨文或作“[甲二四九一①]”,从“(水)”作部首表示河流之属,“(何)”声。河,至《说文》小篆省略声旁(省略“何”作“可”)作“”,隶变作“河”。《说文·水部》:“,水。出敦煌塞外昆仑山,发原注海。从水,可声。”按:部首“(水)”“(水)”和“(水)”因描述水流动的特征而成字,所以可作部首造合体字以记认水流类事物。

洒——甲骨文作“[前二·一○·三]”,洗,洒水。从“(水)”表示与水有关,因洒(xǐ)或洒(sǎ)水都与水相关,所以从“(水)”作部首表示与水流相关。“(西)”,声旁。

(2)涉及植物的话题就用表示植物的字作部首。如:

木——甲骨文作“[甲三五一○]”,树木。概括树木之树枝、树干和树根之特征所造,所以凡是具有“”这个字所体现的特征的植物或与之相关事物均可用“”作部首。如“朱”,甲骨文作“[珠一二一]”或“[后上一二·八①]”,《说文》小篆作“”,隶变作“朱”。《说文·木部》:“,赤心木。松柏属。从木,一在其中。”按:因“赤心木”属于树木,所以从木作部首表示树木。

禾——甲骨文作“[乙四八六七①]”或“[后上二四·九]”，造字语言相同，即描述庄稼有垂穗之状。凡是有垂穗的庄稼或相关事物皆从禾作部首。如黍字的甲骨文有“[前四·三九·六]”“[甲三五三]”和“[前三·二九·六]”“[铁七二·二]”等。“[前三·二九·六]”和“[铁七二·二]”造字语言略同，象形字，象庄稼垂穗之状。而“(黍)”和“(黍)”都是会意字。如“(黍)”，从“(禾)”表示庄稼之属；从“(水)”表示与水相关，因酿酒需要水。“[甲三五三]”和“[前四·三九·六]”造字语言略同。至《说文》小篆统一形体作“”，隶变作“黍”。《说文·黍部》：“，禾属而粘者也。以大暑而种，故谓之黍。从禾，雨省声。孔子曰：黍可为酒，禾入水也。”按：因禾入水为酒，与禾相关，所以从禾作部首。再如“[前五·四〇·五]”，从禾，从子。一形两义——若着眼于禾则表示季节，一年分为春夏秋冬四季；若着眼于子则表示年幼。如果造字语言的话题是季节，那么，当用“禾”作部首。

(3)涉及动物话题的就用表示动物的字作部首。

①涉及陆地动物或与陆地动物有关的话题就用表示陆地动物的字作部首。如：

牛——甲骨文作“[乙三三二八一]”“[甲七九五]”或“[甲五二五]”，造字语言相同，主要提取牛犄角和尾巴之形而成字。凡是牛及与牛相关的合体字都从牛作部首。如：

牡——甲骨文或从牛作“[前一·二九·五①]”，或从羊作“[存下七九七]”，也有的从鹿，不一而足，《说文》小篆作“”，隶变作“牡”。《说文·牛部》：“，畜父也。从牛，土声。”郭沫若《甲骨文字研究》：“卜辞牡牝字无定形，牛羊豕马鹿均随类赋形，而不尽从牛作。”按：据郭沫若先生“牛羊豕马鹿均随类赋形”之说，牡字涉及多种动物，所以虽从牛但又“不尽从牛作”，旨在说明牡字虽从牛作部首但所代表的不单单是牛，而包含多种牲畜或野生动物。

告——甲骨文作“[粹四]”或“[佚三六八]”，《说文》小篆作“”，隶变作“告”。《说文·告部》：“，牛触人，角箸横木，所以告人也。从口从牛。《易》曰：‘僮牛之告。’”按：据许慎“牛触人”之说，话题是牛，所以应该以牛作部首表示与牛有关。

犬类和长脊椎动物常用犬作部首。“犬”，甲骨文作“[佚八一]”“[前七三·三]”或“[甲四〇二]”等，《说文》小篆作“”，隶变作“犬”。《说文·犬部》：“，狗之有悬蹏者也。象形。孔子曰：‘视犬之字如画狗也。’”按：据孔子“视犬之字如画狗也”之说，犬字则是描画犬的形体特征而成字的，所以凡是表示犬或与犬类动物有关以及长脊椎动物的合体字都可用犬字作部首，作部首时现代汉字常偏旁化作“犭”。如：

狼——甲骨文作“[前六四八·四①]”。从“(犬)”表示似犬之长脊椎动物，“(良)”声。至《说文》小篆作“”，隶变作“狼”。《说文·犬部》：“，似犬，锐头，白颊，高前，广后。从犬，良声。”按：因狼与犬类似，属犬科长脊椎动物，所以从“(犬)”作部首表示犬科长脊椎动物之属。

狈——甲骨文作“[粹一五五二]”或“[京都六七三]”，造字语言略同。从“(犬)”或“(犬)”表示似犬之长脊椎动物之属，“(贝)”声。因狈似狼，而狼似犬，所以狈也属犬科动物(长脊椎动物)，所以从犬作部首表示犬科长脊椎动物之属。

㹜——甲骨文作“[铁一〇四·一]”，两犬相咬。从二犬，描述两犬相咬之状。至《说文》小篆承之作“”。《说文·㹜部》：“，两犬相啮也。从二犬。”按：因两犬撕咬与犬相关，所以从犬作部首。

②涉及飞禽类动物或与飞禽类动物有关话题常用“隹”和“鸟”作部首。如：

隹——甲骨文作“[乙六六〇①]”“[甲九三六]”或“[佚五一八背]”等，

概括鸟类特征而成字。《说文》小篆作“”，隶变作“隹”。《说文·隹部》：“，鸟之短尾总名也。象形。凡隹之属皆从隹。”按：因甲骨文隹字是概括短尾鸟的特征而成字，与鸟同类都是会飞的飞禽，析言之鸟属长脊椎飞禽，而隹属于短尾飞禽，但都是飞禽，所以隹部和鸟部都表示飞禽。从这一点来看，凡是飞禽类动物或与飞禽有关的话题皆可用隹作部首，与鸟部相同。如：

雀——甲骨文作“[甲一七九一]”或“[京津二一三四]”，《说文》小篆作“”。《说文·隹部》：“，依人小鸟也。从小、隹。”按：因雀属飞禽类，话题是飞禽，所以从隹作部首表示飞禽之属。

雉——甲骨文作“[前七·二三·二①]”“[鄴三下·三九·一〇]”或“[前二·三一·五]”，造字语言略同，从隹，从矢，矢亦声，描述发矢射雉之状，雉鸡。甲骨文或作“[后下六·四]”，描述用系绳之矢射雉之状。因话题是雉，所以从隹作部首表示飞禽之属。《说文》小篆作“”，隶变作“雉”。《说文·隹部》：“，有十四种：庐雉，乔雉，鳪雉，鷩雉，秩秩海雉，翟山雉，翰雉，卓雉，伊洛而南曰翬，江淮而南曰摇，南方曰𩿧，东方曰甾，北方曰稀，西方曰蹲。从隹，矢声。”罗振玉《增订殷虚书契考释》：“今以卜辞考之，古文……盖象以绳索系矢而射，所谓矰缴者也。”

霍——甲骨文作“[乙七七四六①]”，从“(雨)”，从“(隹)”；或作“[前二·一五·七]”，从“(雨)”，从“(雥)”。描述飞禽在雨中乱飞之状，引申为乱。因飞禽乱飞，话题与飞禽相关，所以当从隹作部首表示与飞禽相关。

鸟——甲骨文作“[甲二九〇四]”或“[子作弄鸟]”，《说文》小篆作“”。《说文·鸟部》：“，长尾禽总名也。象形。”按：析言之，鸟是“长尾禽”，统言之，鸟也属飞禽，从这一点来看，与“隹”同。有些飞禽类或与飞禽有关之动物也从鸟作部首。如“凤”，甲骨文作“[掇二·一五八]”或“[京津一五八]”,《说文》小篆作“”,隶变作“鳳”,简化作“凤”。《说文·鸟部》:“,神鸟也。天老曰:‘鳳之象也,鴻前麐後,蛇头鱼尾,鸛顙鴛思,龍文虎背,燕頷鸡喙,五色备举。出于东方君子之国,翱翔四海之外,过昆仑,饮砥柱,濯羽弱水,莫宿風穴。见则天下大安宁。’从鸟,凡声。”《汉语大字典·鸟部》按:“早期甲骨文象凤鸟高冠、花翎、长尾之形,后期增加声符‘凡’。”按:甲骨文凤和龙之字都是图腾,凤的甲骨文“[掇二·一五八]”和“[京津一五八]”象孔雀头上顶戴“(辛)”之状以示至高无上的地位。辛与辛同。郭沫若《甲骨文字研究》:“辛、辛实本一字……字乃象形,由其形象以判之,当系古之剞劂。《说文》云:‘剞劂,曲刀也。’”“其所以转为愆、辠之意者,亦有可说。盖古人于异族俘虏或同族中之有罪而不至于死者,每黥其额而奴使之……余谓此即黥刑之会意也。有罪之意无法表示,故借黥刑以表示之,黥刑亦无法表现于简单之字形中,故借施黥之刑具剞劂以表现之。”按:辛、辛实乃刑具,可借指生杀之权,凤顶戴辛以示地位之高。同理可证,龙的甲骨文“[乙七六一〇反]”或“[前四·五三·四]”,也象蛇顶戴辛以示地位之高。因凤属飞禽,所以从“鸟”作部首。“鳥”隶变作“鸟”。

鳸——甲骨文作“[佚五二四]”,农桑候鸟。鳸属飞禽,从鸟作部首表示飞禽之属,户声。

鸣——甲骨文作“[京津四〇一二]”“[前五·四六·六]”或“[邺初下·三三·五①]”,《说文》小篆作“”,隶变作“鳴”,简化作“鸣”。《说文·鸟部》:“,鸟声也。从鸟,从口。”鸟鸣属鸟的行为,所以从鸟作部首表示与鸟等飞禽相关。

③涉及鱼类动物话题就常用表示鱼类动物的“鱼”和“贝”作部首。如:

鱼——甲骨文作“[佚八一二]”或“[前四·五五·七]”,概括鱼的特征而成字。《说文》小篆作“”，隶变作“魚”，简化作“鱼”。《说文·鱼部》：“，水虫也。象形。鱼尾与燕尾相似。凡鱼之属皆从鱼。”按：凡是“水虫”之类动物或与水虫相关的字都从鱼作部首。如甲骨文“[前六·五〇三]”，鱼名，大鳠。因话题是鱼类动物，所以从“（鱼）”作部首表示鱼类，“（虍）”声，隶变之后更换声旁作“鳠”。

贝——甲骨文作“[前五·一〇·二]”或“[佚八三五]”，描述贝张开两扇贝壳之状。《说文》小篆作“”，隶变作“貝”，简化作“贝”。《说文·贝部》：“，海介虫也。居陸名猋，在水名蛹。象形。古者货贝而宝龟，周而有泉，至秦废贝行钱。凡贝之属皆从贝。”贝，海中有两扇甲壳的动物。因贝在古代是货币，所以贝可借指财务或与财务有关的行为。如“买”，甲骨文作“[乙五三二九]”或“[佚四六二]”。商承祚《殷契佚存考釋》：“买，象以网取贝之形。”《说文》小篆承甲骨文并统一字形作“”，隶变作“買”，简化作“买”。《说文·贝部》：“，市也。从网、贝。《孟子》曰：‘登垄断而网市利。’”因“网市利”与财务有关，所以从贝作部首。再如“贮”，甲骨文作“[乙六六九三反]”或“[前四二·三]”，《说文》小篆作“”，隶变作“貯”。《说文·贝部》：“，积也。从贝，宁声。”商承祚《殷虚文字类编》：“贮，（甲骨文）象内贝于宁中形，或贝在宁下，与许书作贮，贝在宁旁意同。又宁、贮古为一字。”按：贮藏与财务有关，所以从贝作部首。又如甲骨文“[乙一五四五]”或“[乙八八九五]”，《说文》小篆承甲骨文统一字形作“”，隶变作“責”。《说文·贝部》：“，求也。从贝，朿声。”《论语·卫灵公》：“躬自厚，而薄責于人，则远怨矣。”按：“責”，一读作“zé”，求；一读“zhài”，債的古字。如《汉书·食货志上》：“急征暴[赋]，赋敛不时，朝令而暮改。当具有者半贾而卖，亡者取倍称之息，于是有卖田宅、鬻子孙以偿责者矣。”因债务与财务有关，所以从“貝”（简化作“贝”）作部首。

总之，造字语言是以话题为前提的，涉及什么话题就用表示相关话题的偏旁作部首，符合认知逻辑。

综上所述，只有根据上述特征先确认了部首，才能对合体字进行拆分，拆分时先把部首拆出，再拆其他的偏旁。

三、甲骨文偏旁的认知功能与合体字构造的内在联系

（一）甲骨文偏旁多功能性的认知论根源

任何一个偏旁都是凭借某种认知功能参与合体字的构造，而任何一个偏旁都是因特定的取形法而成字，取形于物而成字的方式简称“取形法”。取形法是偏旁认知功能的认知论根源，取形法有别而其认知功能就会不同，所以判断偏旁的认知功能就必须从取形法着手。取形法分表形法和借形法两种。

表形法的例子如：

月亮（取形对象）——[粹六五九]——月（标识对象为“月亮”）。

借形法的例子如：

月亮（取形对象）——[铁一六·一]——夕（标识对象为“傍晚”）。

任何一个因表形法所造之字都有可能以借形法表示相关内容。偏旁的认知功能是以取形法为认知前提的，取形法不同，偏旁的认知功能则不同。认知功能是偏旁参与合体字构造的前提条件。偏旁都是由独立的字演变而来的，演变为偏旁的字称为“本字”，本字的形音义是偏旁认知功能的认知前提。本字演变为偏旁时，往往会因取形法的不同而引申为多种认知功能，即使是因表形法而成字的偏旁，也常有借形用法，这样势必会导致偏旁认知功能的多重性，也可以理解为偏旁认知功能的兼类。从历史角度来看，偏旁认知功能的兼类其实也是一个认知功能的引申的结果，其逻辑顺序为先表形再借形，即使一开始因表形法而成字，而后也大都会以借形法来借指相关的另一内容。这是汉字功能引申的方式，也是一种词义引申现象。

如“[甲二一五]”(目)是描画眼睛轮廓而成字的,属因表形法而成字,记认眼睛,但是其作为部首构造合体字时就会有两种用法:一是因表形法参与合体字构造,充当部首记认眼睛。如“[拾一四・三]”(眉),《说文》小篆承之作“”,隶变作“眉”。《说文・眉部》:“,目上毛也。从目,象眉之形,上象頟理也。”部首“目”以表形用法记认眼睛。二是因事物之间的联系而引申为借形用法。如甲骨文“[后下二・一]”(见),《说文》小篆承之作“”,隶变作“見”,简化偏旁作“见”。《说文・见部》:“,视也。从儿从目。”可见“见”字中的偏旁“目”作为视觉器官被借指“视也”这一视觉行为。再如甲骨文“[甲五七四]”(行)。罗振玉《殷虚书契考释》:“象四达之衢,人之所行也。”可见,行字作为表形法记认道路或街道,因道路是供人行走的,所以也常引申为借形法而借指行走。如《说文・行部》:“,人之步趋也。从彳,从亍。”“步趋”即行走。后为了与道路之行相区别,常截取(省略)作“(彳)”,以借形法借指行走。如“[京都二一一三]”(得),《说文》小篆承之作“”,隶变作“得”。《说文・彳部》:“,行有所得也。从彳,㝵声。”可见部首“彳”乃以借形法借指行走。

综上所述,因表形法而成字的偏旁可以借形法借指相关事物,这种借形法会大大丰富部首的表现力,这是汉字认知功能演进的表现,也是字义的引申现象。从共时状态来看,不同的造字法对于偏旁的功能是有特定要求的,反过来,偏旁必须与特定的功能和特定的造字法相适配,这是偏旁功能兼类的逻辑前提。虽然从静态角度来看,任何一个基于表形法产生的字符,都有可能具有表形法和借形法两种功能。但是在构成合体字时,任何一个偏旁都只能凭借一种功能参与合体字的构造。这样看来,一个偏旁在不同的合体字中其功能可能会是不同的,所以应该具体问题具体对待,不能一概而论。

(二)取形法与甲骨文偏旁的认知功能

偏旁以特定的认知功能参与特定的造字法从而构成合体字,同时合体字某种造字法的形成对于参与合体字构造的偏旁有特定的认知功能要求,而偏旁的认知功能是以特定的取形法为认知前提的,所以造字法的判断过程与其说是偏旁的认知功能与造字法预期选择之间的选择性适配过程,不如说是偏旁的取形法与特定造字法之间的双向选择性适配过程。其过程为:选择取形法形成偏旁特定的认知功能,然后与特定的造字法预期进行选择性适配。从汉字形体和认知实践的关系角度来看,偏旁的认知功能是以取形法为认知前提的,取形法是偏旁认知功能的认知论基础,要探讨偏旁的认知功能并与特定的造字法相适配,就必须从取形法和偏旁认知功能的逻辑关系出发。所以,笔者拟借鉴拙作《汉字认字研究》中提出的"取形法"概念[①],探求选择取形法以推断偏旁的认知功能并与特定造字法相适配的认知规律,以深化甲骨文合体字构造规律研究。从本源角度看,先民在认知实践中为记认认知事物和体验生活的需要,选择偏旁的取形法并以特定的认知功能形成特定的造字语言时,需要特定的造字法构成汉字形体以固化造字语言,造字语言是造字法的前提,造字法是造字语言的产物和工具。造字语言源于认知实践,只要造字语言符合认知实践的需要,就一定会有适当的造字法相适应。造字语言通过偏旁来表达,偏旁的功能以取形法为认知前提,所以取形法与偏旁认知功能之间的逻辑关系是判断造字法的抓手。

在此,笔者拟把取形法分为表形法和借形法两种基本方法,探讨甲骨文取形法、偏旁认知功能、造字语言与特定造字法相适应的逻辑关系,为甲骨文合体字造字法分析提供认知论依据。

---

① 参见王玉新:《汉字认知研究》,山东大学出版社 2000 年版,第 70 页。

1.取形法与偏旁的标识功能

(1)表形法与偏旁的标识功能

所谓的表形法是指直接抽象某类事物之形而成字以记认该类事物的方法。汉字形体与被记认的事物之间呈直接对应关系，抽象何物之形而成字就直接标识何物，所以偏旁的标识功能是以表形法为认知前提的。偏旁的标识功能是指用特定的形式表示某认知对象的功能。其中，用来标识某对象的特定形式是因表形法抽象事物特征所造，那么通过表形法所直接抽象的事物特征就能使人意识到所记认的具有该特征的事物。可见，偏旁因表形法而成字从而获取标识功能。

如甲骨文“[戬四一・六](人)”，因表形法而成字，即通过描述人直立行走的特征来记认人类。所以一见到“(人)”所体现的人直立行走的特征就自然会想到人类。“(人)”常因标识人类的功能充当形旁参与会意字的构造。如：

休——甲骨文作“[前五・二六・三]”，《说文》小篆承甲骨文作“”。《说文・木部》：“，息止也。从人依木。”据许慎“从人依木”可知，“(休)”中的偏旁“(人)”和“(木)”，都是因表形法而成字，也都是凭借直接记认人和树木的标识功能构成会意字“”。其中“(人)”作为标识符号记认人，而“(木)”也是作为标识符号记认树木，于是先民根据两个偏旁所标识的对象之间的联系而设计出造字语言造“(休)”：一个人累了，背靠大树在休息。

北——“[戬二六・四]”，《说文》小篆承甲骨文作“”。《说文・从部》：“……从二人相背。”可见“(背)”是由两个因表形法而成字的“(人)”作为标识符号直接记认人从而构成会意字的，其造字语言可描述为：两个人背对背。

再如“[后下九・一](火)”，其是因表形法描画火焰的特征而成字以直接记认火焰，常作为标识火焰的功能参与会意字的构造。如：

灾——甲骨文作“[诚明二]”，从“(宀)”组合房屋特征而成字以记认房屋，从“(火)”常描画火焰升腾的特征而成字以记认火焰，两个偏旁作为标识符号通过直接记认事物从而构成会意字“(灾)”，其造字语言可描述为：屋中着火了。

焚——甲骨文作“[京津一四三七]，从“(林)”作为标识符号记认草木，从“(火)”作为标识符号记认火焰，两个偏旁都通过直接记认事物标识功能从而构成会意字“(焚)”，其造字语言可描述为：大火焚烧草木。

焦——甲骨文作“[屯南四五六五①]”，从“(火)”作为标识符号记认火焰，“(隹)”通过鸟有翅膀、善飞行的特征直接记认鸟类动物，两个偏旁都作为标识符号通过直接记认事物从而构成会意字“(焦)”，其造字语言可描述为：鸟被火烧焦了。

标识符号除了参与会意字的构造外，还可以充当形旁作为参照物加标记构成指事字。如：

血——甲骨文作“[前四・三三・二①]”，《说文》小篆作“”，隶变作“血”。《说文・血部》：“，祭所荐牲血也。从皿，一象血形。”甲骨文“(血)”，是以“(皿)”为参照字加指事符号“”表示血液而构成的，而作为参照字的“(皿)”是因表形法记认器皿参与构造的标识符号。

亦——甲骨文作“[前七・四・三]”或“[甲八九六]”，《说文》小篆统一字形作“”。《说文・亦部》：“，人之臂亦也。从大，象两亦之形。”高鸿缙《中国字例》：“(亦)即古腋字。从大(大即人)，而以八指明其部位，正指其处，故为指事字，名词，后世假借为副词，有重覆之意，久为借意作专，乃另造腋字。”据“从大(大即人)，而以八指明其部位，正指其处”之说可知，指事字“(亦)”是以象形字“(大)”为参照字另加指事符号“”标记腋窝而成字的。

(2)借形法与偏旁的标识功能

借形法分借形造字法和借用字形法两种方法,不管哪种借形法,都能借用因表形法所造之字来表示与之相关的事物或内容,只不过与表形法相比,借形法所借之形与所标识内容之间的关系是间接的。

①借形造字法

借形造字法是因相关联系而借用甲事物之形记认乙事物的方法,所借之形与所标识对象之间呈间接关系。如前文所述借夕月之形标识傍晚。又如井凹于地下没法取形造字,可是井口有护栏,称作"井栏",一见到井栏,就能让人联想到井,所以抽象井栏之特征造"[京津二〇〇四]"(井)来标识水井:井栏之形——"(井)"——水井(矿井)。

再如"皀",甲骨文作"[存下七六四]"。由于食物种类繁多,无法取形造字,于是就借盛事物的器皿之形造""作参照,然后在其中加"▃"来标记食物。

②借用字形法

借用字形法虽不产生新字,但却改变了一个偏旁的认知功能,增强了偏旁的表现力,其实这也是偏旁功能的一种引申方式。借用字形法如同借形造字法,所借之字也是取事物之形所造,所以借字如同借物,字形所呈现的事物形体与所标识对象之间的关系也是间接关系。如:

目——甲骨文作"[甲二一五]"(目),描画眼睛轮廓而成字以记认眼睛。《说文》小篆作"",隶变作"目"。《说文·目部》:",人眼。象形。重童子也。"徐灏笺:"小篆从古文变耳。'目'本横体,因合于偏旁,而易横为直。"按:目,人眼,由于人眼是视觉器官,可转而借指视觉行为。如《广雅·释诂一》:"目,视也。"《正字通·目部》:"目,凡注释皆曰目之。"即""(目)——眼睛——视觉。

又——甲骨文作"[粹一九四]",取右手之形而成字。《说文》小篆作

“”，隶变作“又”。《说文·又部》：“，手也。象形。三指者，手之列多略不过三也。”按：又，右手，也泛指手。因为人常用手从事某些行为，于是就借又来表示人的行为。如“秉”，甲骨文作“[续六·二三·一〇]”，描画从“（又）”持“（禾）”之状。《说文》小篆承甲骨文作“”，隶变作“秉”。《说文·又部》：“，禾束也。从又持禾。”按：又，借指“持禾”之行为，可概括为握持。再如“及”，甲骨文作“[粹六六五]”，从后抓住，逮。从“（又）”在“（人）”后。《说文》小篆承甲骨文作“”，隶变作“及”。《说文·又部》：“，逮也。从又从人。”按：又作为偏旁常借指与手有关之行为。

耳——甲骨文作“[后上三〇·五]”或“[后下一五·一〇]”，《说文》小篆作“”，隶变作“耳”。《说文·耳部》：“，主听也。象形。”按：甲骨文描画耳朵轮廓而成字记认耳朵。由于耳朵是听觉器官，即许慎所说“主听”，即借指听觉行为。如甲骨文“[后下三〇·一八①]”或“[前六·五四·六]”。“[后下三〇·一八①]”（听），描述声音从口中发出而入于耳之状。从“（口）”表示发声，从“（耳）”表示听觉。“[前六·五四·六]”，描述许多口发出喧闹之声聒噪于耳之状。从“（吅）”表示发出喧闹声音，从“（耳）”表示听觉行为。

止——甲骨文作“[甲二七四四]”或“[乙一二〇六]”，概括脚趾特征而成字以标识足趾，《说文》小篆作“”，隶变作“止”。因足趾是行走之肢体，所以可借指行走。如“辵”，甲骨文作“[佚二九〇]”或“[后下一四·一八①]”，从“（止）”“（行）”，描述行走于道路之状。

需要特别强调的是，一个因表形法产生的字符，大都有借形用法，从发生学角度来看，表形法和借形法之间具有特定的逻辑次序，即先表形再借形，借形法是以表形法为认知前提的。借形法的逻辑原理为：因表形法直接提取事物之形以记认事物，容易引起相关事物的联想，于是就可以借表形法所造之字所记认的事物之形来表示与之相关的内容。但借形法与表形法的区别在于所借事物之形与所标识的事物之间的关系是间接的，是借助联想来实现的。

合体字造字法对于每个偏旁的功能有特定要求，每个偏旁都是以特定的功能参与合体字构造并形成特定造字法，同样一个偏旁在不同的合体字中功能可能是不同的。一个偏旁以何种功能参与合体字构造，不仅与偏旁的取形法有关，更取决于合体字造字法的预期选择。造字法的预期选择与偏旁认知功能之间是一个双向选择性适配过程。偏旁既可以作为表形法参与合体字构造，也可以作为借形法参与合体字构造，正确地分析造字法的关键就在于正确判断偏旁的取形法，否则易产生误解。如《说文·夕部》："，莫也。从月半见。"从许慎"从月半见"的解释中看不出与词义"莫也"之间的必然联系，这无疑是把夕字误认为是表形法所致，所以没法说清"(夕)"字的造字原理。如果换作借形法那就很容易理解了，即夕月傍晚时才会出现，夕月和傍晚属共时关系，见到夕月就会联想到傍晚，所以就借夕月之形来代替傍晚，这才是"夕"字的造字语言。可见，只有正确选择一个偏旁的取形法，才能正确判断其认知功能，也才能与适当的造字法相匹配。

那么，如何选择一个偏旁的取形法呢？必须遵守这样一个基本的逻辑顺序，那就是先表形再借形，即先考虑表形法再按借形法来判断，看看哪种取形法与特定的造字法相适配。如"尤"，甲骨文作"[铁五〇·一]"，若按表形法来分析，"(又)"乃表示手，那么"[铁五〇·一]"(尤)，可理解为指事字，其造字语言可理解为：描画手上长出骈指之状。朱芳圃《殷周文字释丛》："盖尤为初文，从又、一。又，手也；一，指赘疣。"这是把""按照表形用法来解释的。除此之外，还要看造字法的预期选择。如"[前一·九·七]"(取)中的"(耳)"和"(又)"两个偏旁的取形法和造字法之

间可作如下几种选择性搭配以找出最适当的匹配方案：

其一，按表形法理解。如果把“(耳)”和“(又)”两个偏旁都按表形法来理解，即“(耳)”按表形法理解为“耳朵”，而“(又)”按表形法理解为“手”，那么“(取)”的造字语言只能理解为：一个耳朵一只手。这显然不符合取的本义。

其二，按借形法理解。如果两个偏旁都按借形法来理解，即“(耳)”借指听觉，而“(又)”借指手的某种行为，那么，“(取)”的造字语言就更没法理解了，也无法适配任何一种造字法，因手的行为和听觉相互之间发生不了任何关系。

其三，表形法＋借形法，即“(耳)”按表形法理解为耳朵，而“(又)”按借形法理解为手的某种行为，那么“(取)”的造字语言就可以理解为：用手获取耳朵(报功)。词义可概括为：获取。取，《说文》小篆承甲骨文作“”。《说文·又部》：“，取也。从又从耳。《周礼》：‘获者取左耳。’《司马法》曰：‘载现聝。’聝者，耳也。”按：据“聝者，耳也”之说可知，取字之耳旁是按表形法理解为耳朵的。另据“获者取左耳”之说可知，取字之中的又字旁可按借形法理解为用手获取。其造字语言可理解为：胜者割取敌人的耳朵(献功)。而词义可概括为：“取也”。

可见，造字法的判断是偏旁的取形法的选择与特定造字法之间的复杂的选择性适配过程。再如“[粹一一七八]”(涉)字中的“(水)”和“(步)”两个偏旁，如果都按表形法来理解，即把“(水)”理解为河流，而把“(步)”理解为两只脚，那么把造字语言理解为：河流两边有两只脚。这显然没法适配适当的造字法。如果把“(水)”按表形法理解为河流，而把“(步)”按借形法理解为步行，那么“(涉)”的造字语言就可以理解为：步行过河。

虽然一个偏旁在静态状态下会因表形法的不同而产生两种功能，但是在构成合体字时，只会凭借其一种功能参与合体字的构造，必须按照先表形再借形的逻辑顺序去与造字的预期作选择性适配，以免望文生义。取形法选择的关键在于选择特定的取形法以形成特定的造字语言，只要能形成符合认知逻辑的造字语言，那肯定会生成一种造字法与之相适应。说到底，造字语言是为适应认知实践的需要而产生的，而造字法是为固化汉字结构以适应造字语言的需要而产生的，受造字语言的制约。例如依据采桑的生活体验选择偏旁“(爪)”表示抓取，又选择偏旁“(枽)”表示树叶，然后造合体字“(采)”从而形成造字语言：用手抓取树叶。表达上述造字语言需要的同时也构成了“(采)”这个合体字及会意这一造字法，可见合体字的形体及造字法都是为表达造字语言的需要而产生的。也就是说，不是先有造字法才去造字，而是在认知实践中出于表达认知内容的需要表达造字语言，同时构成了合体字的结构及被称为造字法的结构之法。我们认为许慎在《说文》中提出的“指事”“会意”和“形声”等是基于“先文后字说”总结出的静态结构方法，汉字结构和结构之法都是后天生成的，是为适应造字语言的需要而形成的固化汉字形体的结构方法。许慎的“六书”是从汉字结构角度总结出来的汉字构造规律。

上述分析表明，选择偏旁取形法以形成符合认知逻辑的造字语言是造字法分析的关键。造字法形成的逻辑原理为：为了表达认知实践的内容，选择偏旁及取形法以特定认知功能形成造字语言以满足认知实践的需要之时，就必须形成特定的造字法以固化汉字形体以适应造字语言的需要，其中选择取形法以形成特定的认知功能以适应造字语言的需要是关键环节。

2. 取形法与偏旁的类化功能

所谓的“类化功能”是指部首借助事物之间的联系从而造合体字记认某类事物以形成特定认知范畴的功能。部首的类化功能的实现是有条件的，以取形法为认知前提。事物存在于普遍联系之中，事物之间的普遍联系通过作为形旁的部首来体现，这是因为部首是取事物之形而造出来的，所以事物之间的联系必然会反映到部首的形体上来，然后通过部首形体体现事物之间的联系从而造合体字以实现类化功能。如“[甲三五一〇]”（木），概括树干、树枝和树根之形而成字，看到“[甲三五一〇]”（木）所直观体现的树木的特征就易于使人想到任何一种树木，所以“[甲三五一〇]”（木）充当部首时就会获取造合体字记认任何一种树木从而形成认知范畴的类化功能。如：

（木）——[篡游一〇九①]（柳）、[后下三七·五①]（杞）、[佚一九五]（柏）……

上例中的合体字都有一个共同的部首“（木）”，而这个作为部首的“（木）”直观地通过字形所体现出的树木的特征来表现树木之间的联系，这些联系是事物相互联系的直观反映。一个偏旁之所以充当部首的条件是，通过字形来体现事物之间的联系从而构成认知范畴以实现类化功能。事物之间的联系通过字形所体现的事物特征来表现，而部首所表现的事物之间的联系概括起来共有如下几种类型。

(1)类属关系

所谓的类属关系是这样一种关系，即部首乃抽象事物特征所造，自身所涵盖的是具有该部首所体现的事物特征的所有事物，从而形成一个认知范畴（用符号固化所标识的某类事物）。只有因表形法而成字的部首，才能抽象事物特征从而涵盖具有该特征的所有事物而且包含其中的任何一种，也只有这种情况下才有可能形成类属关系。部首所表达的是“属概念”，用该部首所造之属字所记认的属于该类事物或者该范畴中的某一种事物是“种概念”，即部首所表达的范围包含所造属字所记认的事物范围。

如以“[甲三五一〇]”（木）造合体字“[篡游一〇九①]”（柳）和“[后下三

七・五①]”(杞)等，构成树木范畴；以“[前二・四・三]”(水)造合体字“[前一・四八・五]”(河)和“[京津二〇〇七]”(汝)等，构成水流范畴；以“[前七三・三]”(犬，现代汉字常偏旁化作“犭”)造合体字“[存下三五九]”(狐)、“[前六四八・四①]”(狼)、“[粹一五五二]”(狈)等，表示犬类动物，也可借指其他类犬的长脊椎动物。

(2)相关联系

相关联系是指因联想而形成的两个事物相互关联的关系，相关联系是以借形法为认知前提的。例如月亮晚上才会出现，所以就可以借月之形表示夜晚，如“[周原卜甲①]”(夜)，夜晚。从“(月)”借指夜晚，“(亦)”声。

由于事物存在于普遍联系之中，一个事物可能与多个事物相关，就有可能联想出多方面的相关联系，所以部首因借形法所形成的相关联系是很复杂的。[①]

①条件和结果的关系

所谓的条件和结果的关系，如“(火)”能发热，所以火就成了烧、烤的条件，在这里烧、烤就成了结果，为了表达这种关系，造字时就常常借用作为燃烧条件的“(火)”充当部首来造合体字记认以火为条件的事情。如：

焚——甲骨文作“[京津一四三七]”，焚烧树林。从火，林在其上。焚烧以火为条件，所以从“(火)”作部首。

焦——甲骨文作“[屯南四五六五①]”，从隹在火上描述被烤焦之状。烧焦。烧焦以火为条件，所以从“(火)”作部首。

又如“(、)”，属抽象水流动的特征而成字，表示水流。当有些事物

① 参见王玉新:《汉字部首认知研究》，山东大学出版社2009年版，第28～47页。

或事情以水流或水为条件时，就用“（、）”作部首。如：

冲——甲骨文作“[明藏五二〇]”，《说文》小篆承甲骨文作“”，隶变作“沖”，简化作“冲”。《说文·水部》：“，涌摇也。从水、中。读若动。”“涌摇”，即水流激荡，以水流为条件，所以用“（、）”作部首表示相关联系。

洒——甲骨文作“[前二·一〇·三]”，《说文》小篆承甲骨文作“”，隶变作“洒”。《说文·水部》：“，涤也。从水，西声。古文为洒埽字。”按：读“xǐ”，洗涤；又读“sǎ”，洒水。因洗涤或洒水都以水为条件，所以从“（、）”作部首表示与水相关。

②行为的凭借与行为的关系及行为的凭借与行为所涉及对象之间的关系

第一，行为的凭借与行为之间的关系。

人从事某种行为的时候，往往要有所凭借，有时可以是手、脚等肢体或某些器官，有时也必须借助某些器具，如刀、网等器具。由于人的行为难以表形，于是就常常借这些与某种行为相关的器官或肢体及与之相关的器具来表示这些行为，这样就形成了行为的凭借与行为本身之间的借代关系。

借人体的某肢体或器官以表示相关行为的现象较为普遍，如人类的有些行为必须用手去完成，所以就可以借手之形造“[粹一九四]”（又）字来表达。现代汉字常偏旁化作“又”，其作为部首来表示人用手从事的行为。如：

启——甲骨文作“[菁七·一①]”，描述用手开门之状；开门。从“（又）”，从“（户，房门）”。因开门需用手，所以从“（又）”表示开门这一行为。

取——甲骨文作“[前一·九·七]”，《说文》小篆承之作“”。《说文·又部》:"，捕取也。从又从耳。《周礼》:'获者取左耳。'《司马法》曰:'载献聝。'聝者，耳也。"按:取，获取敌人耳朵献功，因获取需用手，所以从又作部首表示获取这一与手相关的行为。

秉——甲骨文作"[续六·二三·一〇]"，《说文》小篆承之作""。《说文·又部》:"，禾束也。从又持禾。"因"持禾"需用手，所以从又作部首表示"持禾"这一与手有关的行为。

又如部首"(目)"因表形法而成字以记认眼睛。因为眼睛是视觉器官，所以常借指视觉行为。如"(见)"，《说文》小篆作""。《说文·见部》:"，视也。从儿从目。"借目之形表示视觉。再如"[乙一二〇六]"(止)，概括足趾的特征而成字，因足趾是行走肢体，所以借指行走。《说文》小篆承之作""，隶变作"止"。如"[甲三一一三]"(之)，描述行走于地之状。从"(止)"表示行走，从"(一)"表示大地。《说文》小篆作""，隶变作"之"。《说文·之部》:"，出也……一者，地也。"罗振玉《增订殷虚书契考释》:"按:卜辞从止，从一，人所之也。《尔雅·释诂》:'之，往也。'当为'之'之初谊。"按:卜辞从止、一。一，地也。应把"止"按借形法理解为借指行走，若按表形法把"止"理解为足趾时造字语言不通，即不能把""理解为"地上有一只脚"。

也有借其他事物之形来表示人的行为的例子，如"[甲五七四]"(行)，《说文》小篆作""。《说文·行部》:"，人之步趋也。从彳从亍。"甲骨文"(行)"是取十字路之形而成字以记认道路的，如"街""衢"等字中的部首"行"均表示道路。因道路是供行走之用的，所以常作为借形法表示行走。为了与作为表形用法的街道相区别，于是偏旁化作"彳()"，常作部首表示行走。如"[京都二一一三]"(得)，《说文》小篆作""，隶变之后作"得"。《说文·彳部》:"，行有所得也。从彳，㝵声。"可见部首"彳"表示行走。其他如“[续一·三·二]”（征）字中的部首“（彳）”都是作为借形法表示行走的。

需要强调的是，建立在这种相关联系基础上的借形法，往往反映着人们在特定历史时期的认知水平。如古人认为“心之官则思”（孟子语），所以就借心之形表示思考之意，现代汉字凡是表示思考或某种心理活动用字都从“心”（常偏旁化作“忄”和“⺗”等）作部首，如“想”“愉”和“慕”等等。

借行为所凭借的器具代替行为本身的例子也很多。例如借“[甲三〇八五]”（刀）之形作部首，可以表示与刀有关的某些行为。如：

分——甲骨文作“[铁三八·四]”，《说文》小篆承甲骨文作“”。《说文·八部》：“，别也。从八，从刀，刀以分别物也。”按：据“刀以分别物也”可知，用刀作部首以表示分别所凭借的工具。

劓——甲骨文作“[前四·三二·八]”（劓），从“（刀）”，从“（自）”。其造字语言为：用刀砍去人的鼻子。隶变作“劓”，所描述的是古代的一种割掉鼻子的酷刑。因割掉鼻子必用刀具，所以从刀作部首表示行为和凭借工具之间的相关联系。

初——甲骨文作“[京津四九〇一①]”，《说文》小篆承甲骨文作“”，隶变作“初”。《说文·刀部》：“，始也。从刀，从衣。裁衣之始也。”吴其昌《金文铭象疏证》：“初民无衣，大氐皆兽皮以刀割裁而成，衣之初新出于刀，是初义也，故初确系从刀。”按此说，部首刀表示刀具与裁剪的衣服之间的相关联系，因裁剪衣服须用刀具。

刖——甲骨文作“[屯南八五七①]”，描述用刀具割去足之状。《说文》小篆更换偏旁作“”。《说文·刀部》：“，绝也。从刀，月声。”《玉篇·刀部》：“刖，断足也。”刖，古代断足的酷刑。断足必用刀具，所以从刀作部首表示与断足行为之间的相关联系。

再如先民常用网来捕猎，所以捕猎行为就常用网作部首来表示这种相关联系。如：

罗——甲骨文作“[乙四五〇二]”，张网捕雀。从“(网)”，从“(隹)”。部首“(网)”表示用网所从事的行为。

罿——甲骨文作“[续三·四五·八]”，从“(网)”，从“(豕)”。造字语言可描述为：张网捕野猪。部首“(网)”表示用网表示所从事的行为。

总之，当人用器具从事某种行为时，都可借该器具表示与人所从事的行为之间的相关联系。

第二，行为的凭借与行为所涉及对象之间的关系。

有些人的行为常常凭借特定的工具或器具，见到这些工具或器具往往就会使人联想到这些行为涉及的对象，如果借用以这些器具之形而成字的部首来造字，那么就构成了一种特殊的相关联系，即通过代替相关行为进而代替行为所涉及的对象。如借用捕猎用的“网”可以代替捕猎的对象，“禽”和“兽”这两个字就是这样造的：

禽——甲骨文作“[后下一·四①]”或“[铁一三四·三]”，象捕猎之网形，只不过“(禽)”象有柄之网，而“(禽)”象无柄之网之形罢了。因网是捕猎之器具，所以可以代替捕猎行为，并进而代替捕猎的对象，即走兽。《说文》小篆演变作“”。《说文·内部》：“，走兽总名也。”许慎“走兽总名”之说表明小篆时期捕猎之网演变为“走兽”了。现代汉字为了与禽兽之禽相区别，则另加“扌”造今字“擒”表示擒捉之意。

兽——兽是借捕猎之器具“单”代替捕猎对象演变而来的。单，繁体字作“單”，甲骨文作“[前六·三一]”，形体与“干”同。丁山《说文阙义笺》：“窃疑古谓之單，后世谓之干，單、干古今字也。”此说是。《汉语大字典·干部》：“甲、金文干字象有丫杈的木棒形。古人狩猎作战，即以干为武器。”因借狩猎武器之形来代替狩猎对象，所以甲骨文形体变作“[乙三七八七]”，象兽、畜有角之首形。甲骨文或增口作“[乙六二六九]”，繁体字作“嘼”，简化作“兽”，表示狩猎之对象，即野兽。

有些事物无法取形或难以表形，于是就借相关的器物之形来代替。常见的例子如“食”和“酉”：

食——甲骨文作“[乙六三八六反]”，《说文》小篆承之作“”，隶变作“食”。《说文·皀部》：“，一米也。从皀，亼声。或说，亼皀也。”林义光《文源》：“（吴王姬鼎）从亼倒口在皀上，皀荐熟物器也。象食之形。”林义光先生是把“亼”看作倒扣在皀之上的物件，比如盖子。《汉语大字典·皀部》按：“古文字食，从冃，亼（张口向下）在皀（簋，食具）上表意。”按：皀、食，属古今字。食字从皀。皀，甲骨文作“[甲八七九]”或“[存下七六四]”，象器物中有食物之形。因食物形体不一，没法取形造字，于是就取盛食物之器具加标记来代替食物。许慎“亼皀也”之说是指汇集所有的食物用盛食物的“食”字来表示。如“[前六·五二·三]”（即），描述人坐在食物前吃饭之状。从“”借食器代替食物，从“（卩）”表示坐在食器之前吃饭之状。《说文》小篆承甲骨文作“”，隶变作“即”。《说文·皀部》：“，即食也。从皀，卪声。子力切。”“即食也”就是在吃饭。

酉——甲骨文作“[粹二八]”，《说文》小篆作“”，隶变作“酉”。《说文·酉部》：“，就也。八月黍成，可为酎酒。象古文酉之形。”郭沫若《甲骨文字研究》：“此字篆形与骨文尚无大别，骨文变体颇多，然大体……乃壶尊之象也。”“古金及卜辞每多假以为‘酒’字。许之释就，盖用专注之法以牵就其八月之义。”据郭老之说，酉字“本壶尊之象”，借以记认所盛之酒，属借形用法。如甲骨文“[甲二一二一①]”（酒），象把“（酉）”放到水流“”（水流）中发酵的样子，可见“（酉）”属借盛酒之器代替酒之借形法。《说文》小篆承甲骨文作“”，隶变作“酒”。《说文·酉部》：“，就也……从水从酉，酉亦声。一曰造也，吉凶所造也。古者仪狄作酒醪，禹尝之而美，遂疏仪狄。杜康作秫酒。子酉切。”按：酉与酒两字许慎都训作“就也”，可见两字所指相同，即都是酒，笔者认为酉、酒乃古今字。至现代汉字“酉”作部首表示酒类液态物质，如“酱”“醋”等都从“酉”，盖因同酒一样都是液体物质，而且都是酿酒工艺中产生的副产品，与酿酒有关，所以从酉作部首表示所盛酱油和醋等液态事物。

相关联系是一种较为广泛的联系，事物间的相关联系形形色色，很难找到一个明确一致的分类原则进行分类分析，只能具体问题具体分析。

(3)象征关系

象征关系是在造字过程中因联想而形成的特殊关系，这里所谓的象征是指借直观的形体来表达特定的内容的方法，是一种特殊的认知方法。象征作为一种表达手段，同其他言语表达手段一样，会内化为一种特殊的思维方式，积淀于认知结构之中，不仅会反作用于言语行为，甚至会影响汉字的构形构造，形成一种特殊的借形法。

有些事物(甲)因某种特征常常使人联想到另外某种事物，如果借取该事物(甲)的形体所造之字来代替联想到的某种事物(乙)，就构成了所谓象征关系，象征关系是以联想为认知前提形成的特殊关系。根据联想方式不同，可以把象征分为比喻型象征和拟人型象征。当然，比喻和拟人是两种修辞方式，但这两种修辞方式一旦形成社会习惯，就可以内化为思维方法，形成特定的认知机制，迁移到其他方面。因为认知机制都是以符号方式内化于人脑所形成的，所以比喻和拟人也会内化于人脑形成特定的汉字生成机制。

①比喻型象征

比喻是因事物之间的相似性联系而构成的修辞方法，内化于人脑之后，就形成特定的认知机制迁移到其他认知事物的过程之中去，当然也会影响到造字过程，形成特殊的造字法。如：

旬——甲骨文作“[粹四六三]”或“[佚九八〇]”，象一植物长蔓环绕

形，也象手环抱形。这个形体是个抽象符号，主要由事物环绕之形比喻环绕或循环。由于金文引申为时间周而复始，所以金文增“日”作“[王来奠新邑鼎]”(旬)，为今文字所本作“旬”，指十日或十年。

回——甲骨文或作“[粹一九三]”，金文作“[古幣]”，象征事物循环之状。《说文》小篆作“”，隶变作“回”。《说文·囗部》：“，转也。从囗，中象回转形。”

幺——甲骨文作“[粹八一六]”，象糸束之形，由于糸细小，所以借糸之形象征幼小。如“幼”，甲骨文作“[后下三五·一]”或“[明三五一①]”，《说文》小篆承之作“”，隶变作“幼”。《说文·幺部》：“，少也。从幺从力。”从幺表示幼小。

高——甲骨文或作“[前一·四三·七①]”，小篆承甲骨文作“”，隶变作“高”。《说文·高部》：“，崇也。象台观高之形。从冂、口。与仓、舍同意。”按：用“台观高之形”来表示“崇”(高大)，是比喻用法。当用高作部首造合体字时，就形成象征关系，如“[前四·三一·六](京)”等。“(京)”，《说文》小篆承甲骨文作“”，隶变作“京”。《说文·京部》：“，人所为绝高丘也。从高省，丨象高形。”按：部首高象征高大之事物。

一个事物可能同多个事物具有相似性，所以比喻形成的象征其认知内容也必然会是多方面的，不能过于拘泥。

②拟人型象征

拟人是把无生命之物当人来看待的认知方式，如有些用于人的部首可用于无生命之物，这就是拟人这一修辞法在造字过程中的体现。如人之口可以发声，把口部用于记认无生命之物就等于把人的特点转移给这些事物。如甲骨文“[粹一二二五]”(声)，从“(殳)”以击打“(磬)”，从“(口)”通过拟人化表示发音之意，从“(耳)”表示听觉。据上述分析可以把“(声)”的造字语言还原为：一人拿着殳敲击磬发出声音。从耳表示声闻于耳，从口，乃拟人用法，表示发音，因为口能发出声音之故。现代汉字也有这种借形用法，如“叮当”之“叮”和“哐啷”等拟声字中的部首“口”都是这种拟人用法。再如“听(聽)”的甲骨文“[前六・五四・六]”或“[后下三〇・一八①]”，从“(耳)”或“(耳)”表示听觉，而从“(吅)”或“(口)”表示发声于口。

汉民族在取形于物而造字的过程中，采用比喻、拟人两种特殊的取形法形成了特殊的象征关系，克服了造字法的某些局限，寻找到了一种具象化的有效途径，大大提高了汉字的表现力。正确认识这种方法，对于正确认识汉字的形体构造及其意义是十分重要的。需要特别说明的是，象征是以人的心理联想为基础的，由于人都具有社会性，这种联想也必然会受到社会的制约，所以，汉字的象征作用实际上是民族文化心理的积淀，是一种社会习惯。我们在理解这种象征作用时，必须遵循其社会习惯。

3.部首的区别功能

(1)区别不同类事物的功能

甲骨文除了“[佚三七四]”(日)和“[粹六五九]”(月)这两个取唯一事物之形而成字外，其他的字根都是在范畴化的过程中提取某类事物共性特征而成字以记认该类事物，因所提取事物特征不同，所以部首就具有区别不同类事物的功能。例如植物范畴中的“[甲三五一〇]”(木)和“[乙四八六七①]”(禾)等字，都是提取植物体的共性特征而成字以记认该类事物，但不同的字形明显表现着不同植物体之间的区别特征，那么当这些字根作为类化符号充当部首构造合体字时，就会区别不同类事物以形成不同的认知范畴。如：

“[甲三五一〇](木)”——抽象树木特征而成字的，所以字形凭借所体现的树木类事物树干、树枝和树根这些特征来充当部首时，常充当类化符号表示树木类(包括乔木和灌木)或与树木相关之事物，如“[簠游一〇九

①]”(柳)、“[佚一九五]”(柏)和“[后下三七·五①]”(杞)等字中的部首“(木)”表示树木类事物。由树木联系到木材,再由木材联想到木制品,所以部首木自然就拓展出表示与树木相关的其他事物的功能。如“(臬)”,隶变作“臬”。《说文·木部》:“臬,射准的也。”“射准的”即射箭的靶子,属木制品,所以从木作部首,表示与木材相关。木字也属于植物,所以用木字作部首也可以表示除树木之外的其他植物,如“[菁一〇·一〇]”(蒿),从“”作部首,“”从四木,但隶变后更换部首作“蒿”,这说明木和艸可通用。

“[乙四八六七①](禾)”——抽象垂穗的庄稼之特征而成字,作部首时常表示庄稼或与庄稼相关之事物。如“[前四·三九·六]”(黍)、“[甲三五三]”(麦)等即是。“(黍)”,《说文》小篆承甲骨文作“(黍)”,隶变作“黍”。《说文·黍部》:“,禾属而粘者也。以大暑而中,故谓之黍。从禾,雨省声。孔子曰:‘黍可为酒,禾入水也。’”黍因归禾属,所以用禾充当部首以表示与禾有关。

可见,凡是抽象某类事物之特征而成字的部首都具有记认该事物以形成认知范畴的功能,部首实际上是认知范畴的直观标志。认知范畴不同,所用部首则不同,部首具有区别事物类型的作用。例如关于动物,先民根据生存环境的不同,分别造出了以下几类部首以区别之:

①天上飞的动物

鸟——甲骨文作“[甲二九〇四]”“[乙六六六四]”或“[子作弄鸟]”等,《说文》小篆统一字形作“”,隶变作“鳥”,简化作“鸟”。《说文·鸟部》:“,長尾禽总名也。象形。鸟之足似匕,从匕。凡鸟之属皆从鸟。”按:按许慎“長尾禽总名”之说,鸟属“长尾禽”,当然“长尾禽”也属于飞禽类,所以常用鸟作部首表示飞禽,与隹同属飞禽。如“[佚五二四]”(鳸),农桑候鸟。从“(鸟)”作部首以表示飞禽。再如“[掇二·一五八]”,凤凰。从

“(鸟)”作部首表示飞禽。又如“[前六・三六・二]”(鶇),肥鸡。从“(鸟)”作部首表示飞禽。

隹——甲骨文作“[佚五一八背]”“[甲九三六]”或“[乙六六〇①]”,《说文》小篆统一字形作“”,隶变作“隹”。《说文・隹部》:“,鸟之短尾总名也。象形。凡隹之属皆从隹。”按:据许慎“鸟之短尾总名”之说,隹是“鸟之短尾”者,短尾鸟当然也属于飞禽类,所以常从隹作部首表示飞禽。如:

萑——甲骨文作“[铁二六二・一]”,《说文》小篆承之作“”,《说文・鸟部》:“,鸱属。从隹从丫,有毛角。所鸣,其民有祸。”“鸱”即鸱鸮,俗称“猫头鹰”,飞禽之属,所以从隹作部首。

雉——甲骨文作“[前七・二三・二①]”或“[鄴三下・三九・一〇]”等,《说文》小篆统一字形作“”,隶变作“雉”。《说文・隹部》:“,有十四種:庐诸雉,乔雉,鳪雉,鷩雉,秩秩海雉,翟山雉,翰雉,卓雉,伊洛而南曰翬,江淮而南曰摇,南方曰䎬,東方曰甾,北方曰稀,西方曰蹲。从隹,矢声。”因雉属飞禽,所以从隹作部首。

②陆地野生动物

——犬类长脊椎野生动物

犬,甲骨文作“[佚八一]”“[前七三・三]”或“[甲四〇二]”,《说文》小篆统一字形作“”,隶变作“犬”。《说文・犬部》:“,狗之有悬蹄者也。象形。孔子曰:‘视犬之字如画狗也。’凡犬之属皆从犬。”按:考甲骨文形体,乃描画狗的特征而成字以记认犬类动物,充当部首时可表示犬类动物,由于犬类动物属长脊椎动物,所以从犬作部首也可以表示长脊椎动物。如:

狐——甲骨文作“[存下三五九]”或“[前二・二七・五]”,《说文》小篆统一字形作“”,隶变作“狐”。《说文・犬部》:“,祆兽也。鬼所乘之。有三德:其色中和,小前大后,死则丘首。从犬,瓜声。”狐狸与犬同属长脊椎动物,所以从犬作部首。

狼——甲骨文作“[前六四八・四①]”(狼),从“(犬)”,“(良)”声。从“(犬)”(隶变之后常偏旁化作“犭”)作部首表示长脊椎动物。

狈——甲骨文作“[京都六七三]”或“[粹一五五二]”,两字造字语言一致:“(狈)”,从“(犬)”作部首表示长脊椎动物,“(贝)”声;“(狈)”,从“(犬)”作部首表示长脊椎动物,“(贝)”声。

——虎类长脊椎野生动物

虎——甲骨文作“[余一七・一①]”或“[乙二九〇八]”,《说文》小篆承甲骨文统一字形作“”,隶变作“虎”。《说文・虎部》:“,山兽之君。从虍,虎足象人足。象形。”《汉语大字典・虍部》按:“甲、金文横看都象巨口利齿、文身长尾巴之形,小篆则象虎蹲踞之形。《说文》为虎足象人足,非。”按:考甲骨文字形乃描画虎的形体特征并突出虎巨口獠牙让人生畏之状而成字,这是原始崇拜观念的体现,崇拜意识会因惧怕而产生。甲骨文虎作部首时常充当类化符号表示与虎有关。如“[后下三・八]”(虤),《说文》小篆作“”,隶变作“虤”。《说文・虤部》:“,虎怒也。从二虎。”《汉语大字典・虎部》按:“甲、金文象两虎对争之形。”因两虎相争,与虎有关,所以从虎作部首。

虍——甲骨文作“[乙八〇一三①]”,组合巨口獠牙之状以使人恐惧,崇拜意识的产物。《说文》小篆作“”,隶变作“虍”。《说文・虍部》:“,虎文也。象形。”《汉语大字典・虍部》按:“孔广居疑疑认为‘虍’即‘虎’的省文。”虍作部首与虎字相同,多表示与虎相关。如“[京津三四五]”(虘),《说文》小篆作“”,隶变作“虘”。《说文・虍部》:“,虎不柔不信也。从虍,且声。”段玉裁注:“刚暴矫诈。”因与虎有关,所以从虍作部首。

——其他长脊椎动物

豸——甲骨文作“[前四五三・一]”或“[乙四四二]”,描述巨口、长脊椎(长尾)之形以体现凶猛的肉食动物之特征。《说文》小篆统一字形作

“”，隶变作“豸”。《说文·豸部》：“，兽長脊，行豸豸然，欲有所司杀形。凡豸之属皆从豸。”甲骨文还未见属字。

③水生动物

先民只造了“[佚八一二]”（鱼）、“[甲九八四]（龟）”和“[前五·一○·二]”（贝）三个甲骨文来代表所有的水生动物，这实际上就等于把水生动物分成了三大类，三个字各自表示一类水生动物，其作部首造合体字时就通过字形的不同来区别不同的水生动物以形成不同的认知范畴。如：

鱼——甲骨文作“[佚八一二]（鱼）”，概括鱼类之形体特征而成字以记认所有鱼类动物。《说文》小篆承甲骨文作“”，隶变作“魚”，简化作“鱼”。《说文·鱼部》：“，水蟲也。象形。鱼尾与燕尾相似。凡鱼之属皆从鱼。”据许慎“水蟲”之说可知，以鱼作部首时表示，水生动物除了有甲壳的外，其余都归鱼类。如“鲅”的甲骨文“[前六·五○三]”，从“（鱼）”作部首表示鱼类动物之属。甲骨文中其他从鱼作部首的字，多表示与鱼有关，如“冓”的甲骨文“[后上二六·六]”或“[前一·四○·五]”，《说文》小篆承甲骨文作“”。《说文·冓部》：“，交积材也。象对交之形。”《汉语大字典·冂部》按：“甲骨文象两鱼相遇之形。”按：据“两鱼相遇”之说可把词义概括为“遇到”，后作“遘”，也可概括为“沟通”，后作“構”或“媾”等。“两鱼相遇”与鱼有关，可以“鱼”作部首。

贝——甲骨文作“[前五·一○·二]”“[佚八三五]”，《说文》小篆统一字形作“”，隶变作“貝”，简化作“贝”。《说文·贝部》：“，海介蟲也。居陸名猋，在水名蜬。象形。古者货贝而宝龟，周而有泉，至秦废贝行钱。”按：甲骨文从贝作部首之字，多表示与钱财有关，这是古代国币文化的延续。如：

贮——甲骨文作“[乙六六九三反]”“[前四二·三]”，《说文》小篆统一字形作“”，隶变作“貯”，简化作“贮”。《说文·贝部》：“，积也。从贝，宁声。”按：积累钱财，与钱财有关，所以从贝作部首。

责——甲骨文作“[乙一五四五]”或“[乙八八九五]”，说文小篆统一字形作“”，隶变作“責”，简化作“责”。责，债务，与财务有关，所以从贝作部首。

买——甲骨文作“[乙五三二九]”或“[佚四六二]”，《说文》小篆统一字形作“”，隶变作“買”，简化字作“买”。《说文·贝部》：“，市也。从网、贝。《孟子》曰：‘登垄断而网市利。’”按：买卖与钱财有关，所以从贝作部首。

④家畜

牛——甲骨文作“[乙三三二八一]”或“[甲七九五]”，《说文》小篆统一字形作“”，隶变作“牛”。《说文·牛部》：“，牲也。牛，件也；件，事理也。象角头三、封尾之形。凡牛之属皆从牛。”按：牛的甲骨文乃取牛头上有牛角、牛耳之形代替整个牛而成字，作部首时就可以记认牛之属。如“牝”，甲骨文作“[戬二三·一〇]”“[拾一三·一〇]”或“[后下五·一〇]”，郭沫若《甲骨文字研究》：“卜辞牡牝字无定形，牛羊犬豕马鹿均随类赋形，而不尽从牛作。”按：郭老所说是。牡牝非专指某一类牲畜，可包括“牛羊犬豕马鹿”等多种陆地爬行动物。牝，甲骨文作“[戬二三·一〇]”，从“(牛)”作部首表示牛之属，从“(匕)”表示母性，匕是牝的古字；又作“[拾一三·一〇]”，从“(虎)”表示虎之属，从“(匕)”表示母性；又作“[后下五·一〇]”，从“(犬)”表示犬类动物等。《说文》小篆统一字形作“”，隶变作“牝”。《说文·牛部》：“，畜母也。从牛，匕声。《易》曰：‘畜牝牛，吉。’”按：据“畜母”之说，牝指母性牲畜。再如“牡”，甲骨文作“[前一·二九·五①]”“[存下七九七]”“[乙一七六四]”“[前七·一七·四]”或“[通七三三]”。甲骨文“[前一·二九·五①]”从“(牛)”，“[存下七九七]”从“(羊)”，“[乙一七六四]”从“(豕)”，“[前七·一七·四]”从“(鹿)”，“[通七三三]”从“(马)”，随类赋形，并不限于某一动物。《说文》小篆统一字形作“牡”。《说文·牛部》：“牡，畜父也。从牛，土声。”“畜父”即雄性牲畜。

豕——甲骨文作“[前四·二七·四]”“[佚七九八五]”，《说文》小篆作“”，隶变作“豕”。《说文·豕部》：“，彘也。竭其尾，故谓之豕。象毛足而后有尾。读与豨同。凡豕之属皆从豕。”按：“[前四·二七·四]”乃概括豕的形体特征而成字，作部首时可表示豕之属。如“豭”，甲骨文作“[粹九四八]”，公猪。豕之属，所以从“(豕)”作部首。再如“豚”，甲骨文作“[乙八六九八]”或“[粹一五四〇]”，猪或小猪，豕之属，所以从“(豕)”或“(豕)”作部首表示豕之属。

综上所述，部首提取某类事物特征而成字以记认该类事物，那么不同类事物用不同的部首予以记认，部首自然就具有区别不同类事物的功能。

(2)声旁的区别功能

甲骨文中的形声字是通过声旁来区别不同所指的，形旁相同，声旁不同，所指就不同，所以声旁具有区别词义的功能，是一种典型的区别符号。声旁的区别功能体现在以下两个方面：

其一，读音不同，声旁不同，所指不同，即通过不同声旁来区别读音从而区别所指。例如水部的“(河)”“(汝)”两个形声字，部首都是“(水)”或“(水)”以表示水流，但是由于声旁“(丂)”“(女)”不同，所以所指不同。

其二，读音相同，声旁形体不同，所指也会不同。如“桧”和“桂”“柜”部首相同，读音相同，但因声旁形体不同，所以所指不同。

(3)古今字中的今字的部首兼有区别和类化功能

如“[前五·二六·五]”(逆)是“[甲二八〇五](屰)”的今字。“

(屰)”,甲骨文作“[乙三九三九①]”或“[京津三五二四]”等。倒大为屰,表示逆反之意。因为引申为逆行,所以加部首“(彳)”作“(逆)”。从“(彳)”表示与行走有关,从“(屰)”表示逆反。《说文》小篆作“”,隶变作“逆”。《说文·辵部》:“,迎也。从辵,屰声。关东曰逆,关西曰迎。”按:辵,偏旁化作“辶”。迎乃逆行,与行走有关,所以从“屰”表示与行走有关。在“(逆)”字中,部首“(彳)”,首先为区别符号,区别古今字,但也兼类化功能,表示与行走相关之意。再如“[京都二一一三](得)”,“(㝵)”的今字。“(㝵)”,从手、从贝。其造字语言可描述为:用手捡了钱财。古时贝壳可作货币用。后“(㝵)”增“(彳)”作“(得)”,《说文》小篆承甲骨文作“”,隶变作“得”。《说文》:“,行有所得也。从彳,㝵声。”总之,凡是古今字中的今字的部首,都兼有区别和类化功能。

第二节　甲骨文合体字造字法研究

合体字的造字法其实就是组合偏旁、部首形成汉字组合形体的方法。甲骨文合体字有多重类型,研究甲骨文合体字的类型并对各类造字法进行深入分析,是甲骨文研究的重要内容。

一、甲骨文合体字造字法的类型

借鉴许慎“六书说”来关照甲骨文合体字的造字法,另据戴震“四体二用说”[①]把“假借”和“转注”看作用字法,因不产生新字形,于是排除在造字法之外。另据《说文解字·说文孙序》:“仓颉之始作,先有文而后有字。六书象形、指事多为文,会意、谐声多为字。假借、转注兼之。”可知,孙星

① 参见《答江慎修先生论小学书》,《戴震文集》,中华书局1980年点校本。

衍是把指事字划归为“文”了，而所谓的“文”是独体字。我们则把甲骨文指事字归为合体字，理由如下：

其一，甲骨文指事字不是多为“文”而是多为“字”，所谓的“字”即合体字。除了像甲骨文“[前四・四七・六]”这种一笔画的指事字以外，指事字都是合体的。

其二，多数指事字是以象形字为参照再加指事符号构成的。如“[菁六・一]”，以象形字“(大)”为参照然后再加指事符号“”来标记两个腋窝。作为参照字的“(大)”本来就是独体字，作为指事符号的“”虽不能算作偏旁，但也有指事作用，也应算作“义符”。所以，以象形字为参照再加指事符号所造指事字应该划归合体字，因为其同会意字和形声字一样，也存在结构分析。如“元”字的甲骨文有“[前四・三二・四]”“[乙三四一六]”“[粹一三〇三]”和“[铁四五・三]”，至《说文》小篆统一字形作“”，隶变作“元”。《说文・一部》：“，始也。从一从兀。”高鸿缙《中国字例》：“元、兀为一字，意为人之首也。名词。从人，而以‘・’或‘二’指明其部位，正指其处，故为指事字。”按：高鸿缙“元、兀为一字，意为人之首也”可取，那么许慎“从一从兀”之说不妥。甲骨文“元”字或在“[戬四一・六](人)”上加标记作“[铁四五・三]”(元，与兀同字)，或在“[戬四一・六](人)”之上加“(上)”作“[前四・三二・四]”“[乙三四一六]”“[粹一三〇三]”，以上三个甲骨文造字语言相同。如此看来，元字无论是从“兀”从“一”还是从“儿(rén)”从“二”，都是由两个部件构成的合体字。像这样在象形字的人之上加标记所造之“[前四・三二・四]”，肯定不是一个成分构成的，在作结构分析时，肯定需要结构拆分，所以必须按合体字进行分析。可见，指事字和象形字不在一个平面上。

当然有些指事字是用指事符号构成的，可这些指事符号也都有指事作用，都是义符，所以亦可看作部件。如“[前七・三六・二]”，上横为天，下横为地，中间一横表示气，即“☰(气)”可看作由表示天地的“二”和表示气的“一”两个义符构成的合体字。作为独体字的指事字为数很少，如甲骨文“一[前四·四七·六]”等。所以指事字多数可作为合体字，在分析其结构之时，也需要拆分。

笔者把甲骨文合体字造字法归纳为指事、会意、重形和形声四种，以下逐一进行讲解。

二、合体字造字法分析

(一)指事字造字法分析

何为指事?《说文·序》认为:“指事者，视而可识，察而见义，上下是也。”许慎之“视而可识，察而见义”之说，只说明了指事字的特点，未能说明指事字的造字理据。我们认为指事字因标记法而成字，根据标记方法的不同可分为以下两类:

1.用一个抽象符号或用多个抽象符号构成的指事字

一——甲骨文作“一[前四·四七·六]”(一)，《说文》小篆作“一”。《说文·一部》:“一，惟初太始，道立于一，造分天地，化成万物。”按:因为作为“惟初太始”的“一”，没法认识，所以才“开天辟地”。《列子·天问》:“一者，形变之始也。清轻者上为天，浊重者下为地，冲和气者为人。”从此把“一”一分为二。

二——甲骨文作“二[乙二二四三反①]”，《说文》小篆作“二”，隶变作“二”。《说文·二部》:“二，地之数也。从偶一。”按:二，由先天混沌之“一”分化为二。《说文·二部》:“亟……从又从二。二，天地也。”按:二，天地之数。上横为天，下横为地，数之则为二。天地冲和化生万物，如《老子》第四十二章云:“道生一，一生二，二生三，三生万物。”

三——甲骨文作“三[前六·二·三]”，由“☰[前七·三六·二]”(气)同源分化而来。气，甲骨文作“☰[粹五二四]”或“☰[前七·三六·二]”，由先天混沌之气分化而成，至《说文》小篆作“”，隶变作“气”，形体始与“三”相分化。

廿——甲骨文作“[前七・二五・四]”。在甲骨文中“十”作“[甲八七〇]”（十），那么，两个竖线则表示二十，如甲骨文“（廿）”。《说文》小篆作“”。《说文・十部》：“，二十并也。古文省。”

卅——甲骨文作“[粹五八六①]”，《说文》小篆作“”。《说文・部》：“，三十并也。古文省。”小篆“”今同“卅”。《广韵・合韵》：“。今作卅，直为三十字。”

上——甲骨文作“[乙二二四三反]”或“[后上八・七]”。“”是指事字，下横为参照，上面一横表示位于上面。

下——甲骨文作“[前四・六・八]”，以上横为标记，外加下面短横表示位于下面。

中——甲骨文作“[甲三九八①]”或“[前一・六・一]”，甲骨文“（中）”，用“”标记“”之中间；“（中）”，在“”中间加“”以标记中间。金文或作“（颂鼎）”，在“”的中间加“”以标记中间位置。至《说文》小篆统一字形作“”。《说文・丨部》：“，内也。从口。丨，上下通。”按：许慎之“内也”之说乃引申义。

2.以象形字作参照，加标记而成字的指事字

亦——甲骨文作“[菁六・一]”。《说文》小篆承甲骨文作“”，隶变作“亦”。《说文・亦部》：“，人之臂亦也。从大，象两亦之形。凡亦之属皆从亦。”按：考甲骨文形体，其造字语言为：在正面站立的“（大）”的两腋下加“”以标记腋窝之处。隶变之后作“亦”，其中的“大”字变体作“亣”。“亦”字是在象形字上加标记构成的，有两个部件，须作结构分析。

夫——甲骨文作“[京津三八七〇]”“[前五・三二・一]”或“[铁七七

三]”,《说文》小篆统一字形作“”,隶变作“夫”。《说文·夫部》:“,丈夫也。从大,一以象簪也。周制以八寸为尺,十尺为丈。人长八尺,故曰丈夫。”高鸿缙《中国字例》:“夫,成人也。童子披发,成人束发,故成人戴簪,字倚大(人)画其首发戴簪形,由丈大人生意,故为成人意之夫。”按:夫,在“(大)”上加“”标记其簪以示束发加冠为成人,这是古代“冠礼”(成人仪式)的写照。

天——甲骨文作“[甲三六九〇]”或“[乙三〇〇八①]”,金文或作“(天鼎)”。王国维《观堂集林》:“古文天字本象人形……本谓人颠顶,故象人形……所以独坟其首者,正特著其所象之处也。”《说文》小篆遂承甲骨文“[乙三〇〇八①]”作“”,隶变作“天”。《说文·一部》:“,颠也。至高无上,从一、大。”按:甲骨文“[乙三〇〇八①]”,以大为参照,即在“(大)”之上加标记“”以标记人首部,本指人颠顶,引申为凡高于人头顶之物,如“天窗”“天线”“天空”等。

血——甲骨文作“[前四·三三·二①]”。其造字语言为:以“(皿)”为参照,在“(皿)”中加“”标记血点以记认血液。

甘——甲骨文作“”。其造字过程为:在“(口)”中加横画“”标记舌头而成字,因为舌头是辨味器官,所以表示滋味,后引申为甜味。

尤——甲骨文作“[铁五〇·一]”或“[甲二五二一]”等,《说文》小篆作“”,隶变作“尤”。《说文·乙部》:“,异也。从乙,又声。”按:许君“异也”之说为引申义。考甲骨文形体,“(尤)”以“(又)”为参照加标记“”表示骈指。朱芳圃《殷周文字释丛》:“盖尤为初文,从又、一。又,手也。一,指赘肬。字之结构与‘寸’相同。”

朱——甲骨文作“[珠一二一]”或“[后上一二·八①]”,从木作参照在树干上加圆点以指认红色树心。《说文》小篆作“”,隶变作“朱”。《说文·木部》:“,赤心木。松柏属。从木,一在其中。”按:《说文》小篆用

“一”以指认红色树心。

丹——甲骨文作“[京津三六四九]”或“[乙四六五一①]”，《说文》小篆作“”，隶变作“丹”。《说文·丹部》：“，巴越之赤石也。象采丹井，一象丹形。”按：井，甲骨文作“[京津二〇〇四]”或“[甲三〇八①]”，《说文》小篆作“(丹)”。《说文·井部》：“，八家一井，象构韓形。·，罋之象也。古者伯益初作井。”段玉裁注：“(韩)井上木栏也，其形四角或八角。又谓之银床。”高鸿缙《中国字例》：“井当以水井为本意……至《孟子》述井田之制，八家为井，井九百幕云云，为井之借意。”按：井，除了水井之外，也常借作指形状像水井的，诸如“矿井”等。可见，甲骨文“(丹)”或“(丹)”以矿井为参照加点作标记而成字，而小篆以井为参照在“(井)”中加标记“•”作“(丹)”以指认井中之矿石，又引申为丹砂或红色。

皀——甲骨文作“[甲八七九]”或“[存下七六四]”，食物。由于食物形体不一，所以就描画食器之形作“”或“”为参照，然后在其中加标记“”以表示食物。至《说文》小篆形体变作“”，隶变作“皀”。

有些指事字是很复杂的，如“[前四·五一·一①](刃)”，《说文》小篆作“”，隶变作“刃”。《说文·刃部》：“，刀坚也。象刀有刃之形。”按：许君“象刀有刃之形”之说不确。甲骨文“(刃)”字是在“(刀)”上加“”构成的。这个“”是血滴，表示杀伤之意。“刀刃”之说是引申义。如《史记·廉颇蔺相如列传》：“左右欲刃相如。”古代汉语常把其中的“刃”解释为名词用作动词，即“用刀杀”。可问题是既然是用刀杀，为什么不说“左右欲刀相如”而非要说“欲刃相如”呢？其实这个“”字上的“”是血滴，表示杀伤之意。再如“手刃敌酋”中的“刃”直接解释为“杀”再恰当不过了。此说另有“(刅壶)”可作为旁证，《说文》小篆承之作“”，隶变作“刅”。《说文·刃部》：“，伤也。从刃从一。”“”字上也有两个“”，但不是标记刀刃，而是表示创伤后流下的血滴。同理可证，“”字中的“”，表示杀伤后留下的血滴，与“(创)”属同源字，即“”的本义是杀伤，引申为刀刃，“(创)”意为杀或杀伤。

(二)会意字造字法分析

在甲骨文中，会意字分“合意法”和“描述法”两种类型。

1. 合意法

所谓的“合意法”是指会合几个偏旁的所指合成一个新意义的造字法。

仁——甲骨文作“[前二·一九·一①]”，《说文》小篆作“”，隶变作“仁”。《说文·人部》：“，亲也。从人从二。”段玉裁注：“二，此古文上。”按：“(仁)”字中的“”是古上字。如《正字通·一部》：“上，古文作二。”“(人)”和“(上)”两个偏旁合意为：以人为上，即以人为贵。所以才有“仁者，爱人”之说，所谓的“仁者，爱人”乃以人为贵思想的引申。如《孝经·圣治》：“天地之性人为贵。”可证。

公——甲骨文作“[京津四一一一]”，《说文》小篆承甲骨文作“”。《说文·八部》：“，平分也。从八从厶(音司)。八犹背也。韓非曰：背厶为公。”按：据韩非“背厶为公”之说，八、厶合意为“公”。

牢——甲骨文作“[后下三·一四]”或“[粹五七四①]”，描画四周围栏圈牛羊之处。《说文》小篆承甲骨文作“”，隶变作“牢”。《说文·牛部》：“，闲，养牛马圈也。从牛，冬省。取其四周帀也。”按：“闲”栅栏。古人围栅栏圈牛羊。

尾——甲骨文作“[乙四二九三]”，《说文》小篆承甲骨文作“”。《说文·尾部》：“，微也。从到毛在尸后。古人或饰系尾，西南夷亦然。”尸、毛合意为：尾巴。

兵——甲骨文作“[后下二九·六]”或“[佚七二九]”，《说文》小篆承甲骨文作“”。《说文·収部》：“，械也。从廾持斤，并力之皃。”按：双手持斤，如果着眼于斤，则意为兵器，如果着眼于持斤之人，则意为士兵。

初——甲骨文作“[前五·三九·八]”或“[京津四九〇一①]”，《说文》小篆承甲骨文作“”，隶变作“初”。《说文·刀部》：“，始也。从刀从衣。裁衣之始也。”按：“从刀从衣”合意为：裁剪衣服之始。词义概括为开始。

2.描述法

所谓的描述法就是利用形旁所记认的事物作为素材来描述在认知实践活动中所体验生活的内容而成字的方法，概括地说先民所描述的内容主要包括人的某种行为、事物的发展变化和某种事件等。

(1)描述人的行为

①取人体特征而成字作偏旁表示人的行为，如：

人——人，甲骨文作“[戬四一·六]”或“[甲八五四①]”，描述人直立行走的姿势而成字以记认人，在甲骨文中常作部首表示人的行为，如“休”，甲骨文作“[前五·二六·三]”，《说文》小篆承之作“”，隶变作“休”。《说文·木部》：“，息止也。从人依木。”按：许慎“人依木”之说生动地描述出了人背靠树木休息之状。但许慎把休字归为木部似有不妥，因“人依木”属人的行为，根据话题相关原则应该归为人部为是。再如“从”，甲骨文或作“[后上二七·二]”，《说文》小篆作“”，隶变作“从”。《说文·从部》：“，相听也。从二人。”按：许慎君之“相听也”之说乃引申义。考甲骨文“(从)”乃描述一人跟从前面一人之状，可概括为跟从，引申听从等。因为跟从或听从均属人的行为，所以用人作部首以表示与人相关的话题。又如“伐”，甲骨文作“[前七·一五·四]”，描述用戈砍去人首之状，概括为杀伐。我们习惯把砍树也称作“伐”，如“伐木工人”。从“(戈)”表示武器，从“(人)”表示被杀之人。《说文》小篆作“”，隶变作

“伐”。《说文·人部》:“,击也。从人持戈。一曰败也。”按:许慎君之“击也”及砍伐均为引申义。杀人,话题是人,所以从人(偏旁化作“亻”)作部首。

甲骨文“(人)”因屈体姿势形体演变为“卩(㔾)”“欠”或“旡”等表示人的行为。如:

卩——卩,甲骨文作“[乙九〇七七]”,描画人跽坐之姿势。充当部首可表示人跽坐所从事的行为。如“即”,甲骨文作“[存一六二五]”或“[前六·五二·三]”,《说文》小篆承甲骨文作“”,隶变作“卽”,简化作“即”。《说文·皀部》:“,即食也。从皀,㔾声。”按:甲骨文“[存一六二五]”或“[前六·五二·三]”等,从“(卩)”作部首描述人跽坐面对“(皀)”或“(皀)”饮食之状。

欠——欠,甲骨文或作“[明一八八〇]”,《说文》小篆承甲骨文作“”。《说文·欠部》:“,张口气悟也。象气从人上出之形。凡欠之属皆从欠。”《集韵·验韵》:“欠。不足也。”《正字通·欠部》:“欠,欠缺。”按:人缺食物就饥饿,因而张口吃食。甲骨文“(欠)”乃描述一人跽坐张口进食之状。据甲骨文而论,从欠之字,多描述因饥饿张口乞求饮食之状。如“歙”(同“饮”),甲骨文作“[甲二〇五]”或“[菁四·一]”,描述人饮酒之状。从“(欠)”“(欠)”表示饮食之行为。隶变作“欠”。“(欠)”因回头姿势也作“(欠)”,后而分化作“旡”,甲骨文作“[前四·三三·五]”“[库一九四五①]”,回头表示吃饱之意(幼儿吃饱后常回头以拒绝食物可证)。如甲骨文“[佚六九五]”或“[佚六六七二]”,其中“”中之“(旡)”背向食器“(皀)”、“”中之“(旡)”背向食器“(皀)”表示吃完之意。欠和旡均表示人饮食之行为。

②取人之形而成字作偏旁表示人的行为,如:

子——子，甲骨文作“[前三·四·二]”“[后下四二·七]”，概括幼儿形体特征而成字记认幼儿。金文或作“[戍甬鼎]”，《说文》小篆承甲骨文作“”，隶变作“子”。甲骨文中常以子作部首表示相关行为。如“[佚五八六①]”，描述孕妇腹中怀子之状。

女——女，甲骨文作“[铁一六四·一]”，描述女性跽坐从事某种劳动之状记认女性。甲骨文中常以“(女)”或“(母)”作部首表示女性之行为。如“育”，甲骨文作“[前二·二五·三]”或“[甲八四二]”，描述女性生子(顺产)之状，话题是生子之女性，所以甲骨文“”当以“(女)”为部首，而“”当以“(母)”为部首。《说文》小篆统一字形作“”，隶变作“育”。《说文·𠫓部》：“，养子使作善也。从𠫓肉声。《虞书》曰：‘教育子。’”按：无论许慎“养子使作善也”之说，还是“教育子”，话题与子女有关，所以当从“子”(偏旁化作“𠫓”)作部首。再如“妆”，甲骨文作“[邺初下·三八·六]”或“[京津一六八二①]”，描述女子在床前梳妆之状，话题涉及女性，所以都从“(女)”“(女)”作部首以表示女性所从事的行为。

③取人器官之形而成字作偏旁表示人的行为，如：

口——口，甲骨文作“[甲一二七七]”或“[粹二二〇]”，描画人或动物嘴巴之形而成字记认嘴巴。甲骨文常以口为部首表示人或动物与口有关的行为。如“[乙一二七八反]”或“[后下二四·一四]”，均从口、从欠，从口作部首表示吹这一与口有关的行为。

目——目，甲骨文作“[甲二一五]”，《说文》小篆作“”。《说文·目部》：“，人眼。象形。重童子也。”徐灏笺：“小篆从古文变耳。‘目’篆本横体，因合于偏旁，而易横为直。”《广雅·释诂一》：“目，视也。”《正字通·目部》：“目，凡注视曰目之。”按：因目属视觉器官，所以甲骨文表示视觉行为的合体字往往从目作部首。如“见”，甲骨文作“[后下二·一]”或“[珠二五]”，《说文》小篆作“”。《说文·见部》：“，视也。从儿从目。”按：甲骨文“（见）”从“（目）”而“（珠二五）”从“（目）”作部首。

自——自，甲骨文作“[甲三九二]”或“[前六·五八·一①]”，《说文》小篆承甲骨文作“”。《说文·自部》：“，鼻也。象鼻形。凡自之属皆从自。”按：自，鼻子，嗅觉器官，可作部首表示嗅觉。如“臭”，甲骨文作“[铁一九六·三①]”，《说文》小篆承甲骨文作“”。《说文·犬部》：“，禽走，臭而知其迹者，犬也。从犬从自。”按：嗅觉，鼻子的功能，当从自作部首表示嗅觉行为。

耳——耳，甲骨文作“[后上三〇·五]”或“[后下一五·一〇]”，描画耳朵轮廓而成字以记认耳朵。《说文·耳部》：“，主听也。象形。凡耳之属皆从耳。”按：因耳朵是“主听”之听觉器官，所以常借指听觉，可作部首借指听觉行为。如“听”，甲骨文作“[后下三〇·一八①]”或“[前六·五四·六]”，“（听）”，表示声音出于“（口）”而入于“（耳）”，从“（耳）”表示听闻。“（听）”，描述喧闹声出于“（吅）”而听闻于“（耳）”之状，因属于听觉行为，所以从“（耳）”作部首表示听觉。

④用“又”“廾”“爪（爫）”“攴”“止（步）”等表示人肢体的偏旁来借指人的行为，如：

又——又，甲骨文作“[粹一九四]”，与“[粹五九七]”（ナ）相对，概括右手特征而成字以记认右手。析言之，“（又）”是右手，而“（ナ）”是左手，统言之，都是手，所以甲骨文中常以“（又）”作部首表示与手有关的行为。如“取”，甲骨文作“[前一·九·七]”，从“（又）”从“（耳）”。《说文》小篆作“”，隶变作“取”。《说文·又部》：“，捕取也。从又从耳。《周礼》：‘获者取左耳。’《司马法》曰：‘载献聝。’聝者，耳也。”按：“获者取左耳”和“载献聝”则是取字的造字情景描述。因获取是用手操作的行为，所以甲骨文从“（又）”作部首。再如“[续六·二三·一〇]”，《说文》小篆承甲骨文作“”。《说文·又部》：“，禾束也。从又持禾。”按：“从又持禾”乃用手操作的行为，所以甲骨文从“（又）”作部首表示用手操作的行为。

廾——廾，甲骨文作“[京津二一三四]”或“[甲一二八七①]”，《说文》小篆承甲骨文作“”。《说文·𠬞部》：“，竦手也。从𠂇从又。扬雄说廾从两手。凡廾之属皆从廾。”段玉裁注：“此字谓竦其两手以有所奉也。”按：廾描述双手有所为之状，从廾作部首表示双手所从事的行为。如甲骨文“[后下二一·一四]”，描述置子于其中双手端着丢弃之状。《说文》古文省形作“”，隶变作“弃”，描述双手捧子丢弃之状，可见，从廾作部首表示双手从事的行为。再如“[后下二九·六]”“[佚七二九]”，《说文》小篆承甲骨文作“”。《说文·𠬞部》：“，械也。从廾持斤，并力之皃。”按：据许慎“从廾持斤”之说，“持斤”是双手“并力”所从事的行为，所以《说文》从“𠬞”（廾的本字）作部首。“从廾持斤”——如果着眼于“廾”，可把造字语言理解为一人用双手握持斤，因为这是人用双手操作的行为，当以“廾”作部首，所以许慎把兵归于“𠬞”部是恰当的；如果着眼于“斤”，则把造字语言理解为双手所持的是器械，那么，话题是器械，当以“斤”作部首，关键看最初的造字语言是什么。可许慎虽把“兵”归于“𠬞”部，但却把词义概括为“械也”，自相矛盾了。现代汉字“廾”讹变作“丌”。

爪——爪，甲骨文作“[乙三四七一①]”或“[乙三四七一①]”，《说文》小篆承甲骨文作“”。《说文·爪部》：“，丮也。覆手曰爪。象形。凡爪之属皆从爪。”按：甲骨文手指朝下描述手的某种行为。作部首表示抓取东西之状。如“采”，甲骨文作“[前五·三六·一①]”，从“（爪）”从“（桒）”。《说文》小篆更换偏旁作“”，隶变作“采”。《说文·木部》：“，捋取也。从木从爪。”其中“捋取也”是造字情景描述。因“捋取也”是用手从事的行为，所以当用爪（偏旁化作“爫”）作部首，但许慎却归于木部，似有不妥。再如“[铁一二〇·二]”或“[乙一七一〇]”，至《说文》小篆更换偏旁作“”。《说文·冓部》：“，并举也。从爪，冓省。”段玉裁注：“凡手举字当作爯。”徐灏笺：“爯、稱古今字。”李孝定《甲骨文字集释》：“按：契文爯字象以手挈物之形，自有举义，但不能确言所挈何物耳。”按：甲骨文描述从“（爪）”或“（爪）”持鱼之状，引申为称量。

攴——攴，甲骨文作“[摭续一九〇]”，《说文》小篆承甲骨文作“”。《说文·攴部》：“，小击也。从又，卜声。凡攴之属皆从攴。”徐灏笺：“疑本象手有所执持之形。故凡举手作事之义，皆从之，因用为扑击字耳。”按：甲骨文“（攴）”描述手持物轻击之意，从“（攴）”作部首可表示与手“（攴）”有关的行为。如“牧”，甲骨文作“[珠七五八①]”，描述举着棍子（或鞭子）赶牛（放牧之状）。从“（攴）”、从“（牛）”。《说文》小篆承之作“”，隶变作“牧”。《说文·攴部》：“，养牛人也。从攴从牛。《诗》曰：‘牧人乃梦。’”按：许君之“养牛人”之说不妥。因作为依据的“牧人乃梦”的“牧人”可解释为养牛人，但“牧人”是偏正结构，“牧人”乃牧牛之人，而“牧”据甲骨文“”只能解释为举着棍子（或鞭子）赶牛放牧，概括为放牧。因人用手举着棍子赶牛放牧，所以从“攴”作部首表示人的行为。攴，从“又”可表示人的行为。同理可证，甲骨文“[乙八〇九三]”（殳），《说文》小篆承甲骨文作“”，隶变作“殳”。《说文·殳部》：“，以杸殊人也。《礼》：‘殳以积竹，八觚，長丈二尺，建于兵车，车旅贲以先驱。’从又几声。凡殳之属皆从殳。”按：“杸”，古代一种兵器，形似锤。“殊”，狠劲打人。“以杸殊人也”即用殳狠劲打击人。所以殳作部首常表示人的相关行为。如“役”，甲骨文作“[后下二六·一八]”或“[前六·一二·四①]”，《说文》小篆承甲骨文作“”。《说文·殳部》：“，戍边也。从殳从彳。”按：甲骨文“（役）”和“（役）”造字语言相同，描述“（殳）”“（殳）”狠劲击打“（人）”“（人）”之后背强迫其去服役（戍边，即守卫边疆）。

止——止，甲骨文作“[甲二七四四]”或“[乙一二〇六]”，《说文》小篆承甲骨文作“”。《说文·止部》：“，下基也。象艸木出有址，故以止为足。凡止之属皆从止。”徐灏笺：“凡从止之字，其义皆为足趾。许以为象草木出有址，殆非也……正象足趾之形……三趾者，与手之列多略不过三同例。”按：考甲骨文“[甲二七四四]”或“[乙一二〇六]”等，概括足趾之特征而成字记认足趾，因足趾乃行走之肢体，所以作部首可表示行走。如“之”，甲骨文作“[前七·三三·一①]”“[甲三一一三]”或“[乙五二七八]”，造字语言相同。如“(止)”“(一)”，如果把“(止)”按表形法理解为足趾，而把“(一)”理解成地，那么“(之)”的造字语言只能理解为地上有足趾或足趾在地上，似乎都不符合认知逻辑。如果把“(止)”按借形法理解为行走，那“(之)”的造字语言可理解为用足趾在地上行走，词义则概括为行走或到，这就顺理成章了。

步——步，甲骨文作“[铁二二·二]”或“[前六·二二八]”，两字造字语言略同。“(步)”，描述两脚一前一后交替行走之状；“(步)”则描述在道路上步行之状，从“(行)”表示道路，从“(步)”描述两脚前后交替行走在“”上之状。《说文》小篆统一字形作“”，隶变作“步”。《说文·步部》：“，行也。从止少相背。”因步行是人的行为，所以常从步表示人的行为，也可以充当部首，许慎在《说文》中设步部。如“涉”，甲骨文作“[粹一一七八]”或“[京津四四〇九]”，造字语言相同，描述人徒步蹚水过河之状。区别在于水字的形体有别，即“(涉)”从“(水)”，“(涉)”从“(水)”，但均描述水流动之状。《说文》小篆统一字形作“”，隶变作“涉”。《说文·沝部》：“，徒行厉水也。从沝从步。涉，篆文从水。”按：因“徒行厉水”是人步行过河，所以当从步作部首，许慎将其归“沝”部似有不妥。

陟——陟，甲骨文作“[宁滬一·五九二]”，登山。从“(阜)”表示与山有关；从“（步）”，因脚趾朝上以描述向上攀登之状。《说文》小篆作“”，隶变作“陟”。《说文·𠂤部》：“，登也。从𠂤从步。”按：其中“登也”乃描述登山之情景。登山乃人步行之行为，所以当从步作部首。

⑤有的偏旁虽非取形于人的肢体或器官，但也可以表示人的行为。如：

彳——彳，甲骨文作“（）”（甲骨文常用作偏旁，但未见独体字），乃截取甲骨文“[甲五七四]”（行）的部分形体而成。甲骨文“[甲五七四]”（行），《说文》小篆承之作“”，隶变作“行”。《说文·行部》：“，人之步趋也。从彳从亍。”罗振玉《殷虚书契考释》：“象四达之衢，人之所行也。”按：此说是。因道路乃行走之处，可借道路以代指行走，所以“（）”作部首可表示人行走之行为。如“得”，甲骨文作“[京都二一一三]”，《说文》小篆承甲骨文作“”，隶变作“得”。《说文·彳部》：“，行有所得也。从彳，导声。”许慎把“”字造字法判断为“从彳，导声”的形声字似有不妥，因为按照形旁表意、声旁表音的“半主形”“半主声”的形声字之说，声旁是不表意的，许慎“行有所得也”中“有所得”之字义概括缺乏依据——“行”由“（彳）”来承担，而“有所得”没有认知依据，因为“导”作为声旁没有表意功能。所以甲骨文“（得）”字还是分析为从“（彳）”从“（导）”，“（导）”亦声为妥；或者干脆作为会意字，直接采用三分法拆分为从“（彳）”“（贝）”“（又）”，其造字语言可以理解为：在行走的路上捡到钱财，概括为得到。这种拆分更符合许慎“行有所得也”这一造字语言分析。因行有所得，与行走有关，所以从“彳”作部首，部首“彳”能产性高，属字多。

⑥人的有些行为需要借助工具或器械来完成，所以可用表示工具或器械的“网、刀、戈、斤、㫃”等偏旁作部首表示人的行为，如：

网——网，甲骨文作“[乙三九四七]”或“[乙五三二九]”，《说文》小篆承甲骨文统一字形作“”。《说文·网部》：“，庖牺所结绳以渔。从冂，下象网交文。凡网之属皆从网。”按：因先民常用网捕猎，所以可借指捕猎行为。如“罗”，甲骨文作“[乙四五〇二]”或“[乙五三九五①]”，描述用网罩鸟之状。从“(网)”表示捕鸟之行为，从“(隹)”表示捕猎对象。再如“冢”，甲骨文作“[续三·四五·八]”或“[铁一·五二·一]”，造字语言相同，描述用网获野猪之状，词义概括为覆网(捕获)。

刀——刀，甲骨文作“[甲三〇八五]”或“[粹一一八四①]”，《说文》小篆承甲骨文作“”。《说文·刀部》：“，兵也。象形。凡刀之属皆从刀。”按：由于人常用刀从事某种行为，所以可从刀作部首表示人的行为。如甲骨文“[前四·三二·八]”或“[乙三二九九]”，《说文》小篆作“”。《说文·刀部》：“，刑鼻也。从刀，臬声。《易》曰：‘其人天且劓。’劓，臬或从鼻。”《新堂书·吐蕃传》：“其刑虽小罪必抉目，或刖、劓。”闻一多《战后文艺的道路》：“真性奴隶是无身体自由的，使其身体亏损，如劓，刖，墨，刵、宫，是奴隶的象征。”按：“刑鼻”必用刀，所以从刀(偏旁化作“刂”)表示人的行为。再如“利”，甲骨文或作“[佚四五七]”。屈翼鹏《殷虚文字甲编考释》：“利当是犁之初文。从禾，从刀。其小点当象犁出土𠙴也。”按：利的甲骨文有两意：其一，耕作，如“犁”。甲骨文“[佚四五七]”描述犁地翻起小土块之状。疑屈翼鹏误把“𠙴”当作了“凷”。其二，收获。如“[后下一八·八①]”，描述“(土)”里长出“(禾)”稼，用“(又)”拿“(刀)”来收割。甲骨文或作“[四六七三](利)”，描述用刀收割庄稼之状。利、犁古今字，后犁字出，古字“利”成为收获的专字，引申为利益之利。

戈——戈，甲骨文作“[乙七一〇八]”或“[珠四五八]”，《说文》小篆作“”。《说文·戈部》：“，平头戟也。从弋，一横之。象形。凡戈之属皆从戈。”按：戟，今作“戟”。戈，兵器，人需要兵器来从事某种行为，作部首可表示与武器有关的行为。戍“[后下一三·五]”，描述人持戈守卫之状。《说文》小篆承甲骨文作“”。《说文·戈部》：“，守边也。从人持戈。”按：“守边”，即守卫边疆，须持戈，从戈作部首表示守卫边疆。再如“或”，甲骨文作“[前二·六·五]”“[铁二七·三]”或“[后下三八六]”。孙海波《卜辞文字小记》：“口象城形，从戈以守之，国之意也。”按：甲骨文乃描述人持戈守卫口(国)之状。如“[前二·六·五]”从“(戈)”作部首表示用戈所从事的行为。或，金文或作“[毛公鼎]”，《说文》小篆承之作“”。《说文·戈部》：“，邦也。从口从戈，以守一。一，地也。”段玉裁注：“《邑部》曰：‘邦者，国也。’盖或、国在周时为古今字，古文祗有或字，既乃复制国字。”

斤——斤，甲骨文作“[前八·七·一]”或“[坊间四·二〇四①]”，《说文》小篆承甲骨文作“”，隶变作“斤”。《说文·斤部》：“，斫木也。象形。凡斤之属皆从斤。”徐锴繫传：“斫木斧也。”段玉裁注：“横者象斧头，直者象柄，其下象所斫木。”按：斤，砍伐树木之器具，后作“斧”。以斤作部首表示人用斤所从事的行为。如“新”，甲骨文作“[前五·四四]”或“[佚五八〇]”，《说文》小篆承甲骨文作“”。《说文·斤部》：“，取木也。从斤，新声。”段玉裁注：“当作从斤、木，辛声……取木者，新之本义，引申为凡始基之称。”王筠释例：“按：其训曰取木，则薪之古文。”按：甲骨文描述用斤砍伐树木取薪之状。“[前五·四四]”从“(斤)”、“[佚五八〇]”从“(斤)”作部首表示人的行为。再如“析”，甲骨文作“[乙一五六八]”或“[甲三五七五①]”，《说文》小篆承甲骨文作“”。《说文·木部》：“，破木也。一曰折也。从木从斤。”桂馥义证：“字从木，从斤，谓以斤分木为析也。”按：许慎把析归为木部似有不妥，因“以斤分木”是人用斤从事的行为，当以斤为部首表示人的行为。

㫃——㫃，甲骨文作“[前五·五·七]”“[甲九四四]”，《说文》小篆承甲骨文作“”。《说文·㫃部》：“，旌旗之游，㫃蹇之皃。从屮，曲而下，垂㫃相出入也。读若偃。古人名㫃，字子游。凡㫃人之属皆从㫃。”按：甲骨文常用旌旗之游代替旗帜，先民常用旌旗召集或指挥人行动，所以常以㫃作部首表示用旌旗实施的行为。如“[佚七三五]”或“[铁九〇·一]”，《说文》小篆承甲骨文作“”。《说文·㫃部》：“，军之五百人为旅。从㫃从从。从，俱也。”按：考甲骨文有两种造字语言——其一，用旗帜召集部队，如“[佚七三五]”，从“（从）”在“（旗帜）”下集合，词义概括为军旅。金文或作“[父乙卣]”，描述旗帜下聚集很多人之状，证明旅为古代军事单位，一般500人为一旅。其二，从“（聚）”跟从“（旗帜）”行军，引申为旅行。有金文作“[偁卣]”，描述一队人马坐车跟从在旗帜后之状。由于都是用旗帜操作的事情，所以从㫃作部首表示人的行为。

(2)描述事物运动变化

生——甲骨文作“[粹一一三一①]”。《说文》小篆作“”，隶变作“生”。《说文·生部》：“，进也。象艸木生出土上。”按：考甲骨文形体乃描述植物从地里冒出并长出茎节之状而成字。

水——甲骨文作“[前二·四·三]”，《说文》小篆作“”，隶变作“水”。《说文·水部》：“……众水并流。”按：“众水并流”就是对河水流动情景的生动描述。

雨——甲骨文作“[铁三二·三]”。描述雨点从天空纷纷下落之状。《说文》小篆作“”，隶变作“雨”。《说文·雨部》：“，水从云下也。”按：许慎“水从云下也”之说，是对下雨情景的描述。

土——甲骨文作“[前五·一〇·二]”或“[前七·三六·一]”等。《说文》小篆作“”，隶变作“土”。《说文·土部》：“，地之吐生物者也。二象地之下、地之中，物出形也。”按：许慎“地之吐生物者也”之说，乃描述植物破土而出的生长情景。

(3)描述事件

示——甲骨文作“[甲二八二]”或“[前二·三八·二①]”,《说文》小篆作“”,隶变作“示”。《说文·示部》:“,天垂象,见吉凶,所以示人也。从二(二,古文上字)。三垂,日月星也。观乎天文,以察时变。示,神事也。”“天垂象”就是关于天降征兆的情景描述。

灾——甲骨文作“[诚明二]”或“[乙九五九]”,描述屋中失火之状而成字。从“(宀)”表示房屋,从“(火)”表示灾害之原因。

焦——甲骨文作“[屯南四五六五①]”,描述鸟被火烧焦之状而成字。从“(隹)”在“(火)”上。《说文》小篆作“”,隶变作“焦”。

综上所述,采用描述法以还原甲骨文会意字造字情景,是甲骨文会意字构造研究的关键环节。如果处理得当,能还原甲骨文本来面目及古代文化史。

(三)重形字造字法[①]

甲骨文中有一种特殊的造字法,如“[甲六七五]”(晶)、“[后下三·二]”(森)和“[前四·五二·四]”(蚰)等,是重复同一个偏旁构成的合体字。我们把重复字形而造字的方法称之为“重形”。自甲骨文始就有重形字,许慎《说文》中就收录了上百个重形字,如“(珏)”“(艸)”“(茻)”“(吅)”“(晶)”“(林)”“(森)”“(舜)”“(雔)”“(雥)”和“(鱻)”等,这些重形字为第一部楷书字典《玉篇》所延续,一直流传至现代汉字,为贯通古今汉字,有必要深究其构造规律。有的学者把重形字统统归于会意字(同体会意),笔者认为有待于商榷。笔者认为,重形和会意不同。所谓的会意是两个或两个以上的作为标识符号的偏旁会合成新字来表示新的意义的造字法,而重形则是重而不合。如《说文·鱼部》:“,二鱼

① 参见王玉新:《汉字部首认知研究》,山东大学出版社2009年版,第255页。

也。”段玉裁注：“此即形为义，故不言从二鱼。二鱼重而不并。《易》所谓‘贯鱼’也，鱼行必相随也。”段玉裁认为重形是“重而不并”，这一点与会意有别。由此可见，重形字确实有其特别之处，与会意不同，所以有必要单独列举出来讨论。笔者拟从认知性角度就甲骨文中的重形字作以初步探讨。

1.重形以表示强盛或多

甲骨文中凡言多或强盛皆重三数以表示之。如：

晶——甲骨文作“[甲六七五]”，《说文》小篆本甲骨文作“”，隶变作“晶”。《说文·晶部》：“，精光也。从三日。”段玉裁注：“凡言物之盛皆三其文。”徐灏笺：“‘晶’即‘星’之初文。”“小篆变体有似三‘日’，而非从‘日’也……‘精光’之训，即‘星’之引申。因声转为‘子盈切’，遂歧而二之也。”按：晶为星的古字。考甲骨文形体，当为三颗星，因日和星均为发光之星体，所以从“日”以表示星体之属。由于“晶”引申为星光，所以另造“[前七二六·三]（星）”字，后为今文所本作“”，《说文》小篆或省形作“”，今文字遂承之作“星”。由此可见，晶属借三日之形以表示星星数量繁多之意，许慎“精光”之训当为引申义。

焱——甲骨文作“[乙八六九一①]”，《说文》小篆承甲骨文作“”。《说文·焱部》：“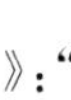，火华也。从三火。”按：“从三火”表示火焰升腾之状。

林——甲骨文作“[京津五五五六]”，由木重形而成。《说文》小篆作“”，隶变作“林”。《说文·林部》：“，平土有丛木曰林。从二木。”王筠释例：“林从二木，非云止有二木也，取木与木连属不绝之意也。”按：“木与木连属不绝”即表示数量多之意。

森——甲骨文作“[后下三·二]”。由三木“（木）”重形而成字。《说文》小篆承甲骨文作“”，隶变作“森”。《说文·林部》：“，木多皃。从林，从木。”王筠据玄应改为“多木长皃也”，并注：“言多者，三木也；言长

者，木出于林上也。”

雥——甲骨文作“[续一·七·六①]”，《说文》小篆承甲骨文作“”。《说文·雥部》：“，群鸟也。从三隹。”所谓的“群鸟”就是鸟很多。如“”，《说文》小篆作“”，繁体字承之作“雧”，简化字作“集”。《说文·雥部》：“，群鸟在木上也。从雥从木。”可见，雥（音“zá”）表示鸟多。

㐺——甲骨文作“[甲二八五八]”，《说文》小篆作“”。《说文·㐺部》：“㐺，众立也。从三人。凡㐺之属皆从㐺。鱼音切。”按：㐺，今读“yín”。可见，㐺字从三人表示多。甲骨文中还有一个同义字“[甲二二九一]”（眾），太阳下有三人。《说文》小篆更换偏旁作“”。《说文·㐺部》：“，多也。从㐺、目，眾意。”按：㐺和眾都是从三人表示众多之意。现代汉字统一字形作“众”，从三人以表示人多之意。

2.改变所指

凡是重形前后所指不同就属于此类情况。举例如下：

䖵——甲骨文作“[前四·五二·四]”或“[京津二六三]”，由虫重形而成字。《说文》小篆承甲骨文作“”，隶变作“䖵”。《说文·虫部》：“䖵，虫之总名也。从二虫。凡䖵之属皆从䖵。读若昆。”段玉裁注：“虫之总名称䖵，凡经传言昆虫即䖵虫也。”何为“昆虫”？昆虫是节肢动物中数量最多的一类动物，最常见的有蝗虫、蝴蝶、蜜蜂、蜻蜓、苍蝇、草蜢、蟑螂等，现在已发现200多万种。“虫”，甲骨文作“（虫）”，蛇。当重形为“䖵”后，所指变为昆虫，如“蠢蠢欲动”之“蠢”即从“䖵”表示昆虫。“蠢蠢欲动”描述了这样一种景象：入冬时所有昆虫像蛇一样皆洞藏于地下休眠，春天来了，春雷震动，所有昆虫皆苏醒过来，纷纷爬出，这种景象就是“蠢蠢欲动”。

羴——甲骨文作“[前四·三五·四]”，重三羊而成字，甲骨文或重形作“[乙四五三一]”或“[前四·三五·五]”，《说文》小篆承甲骨文“”作

“”，隶变作“羴”。《说文·羴部》：“，羊臭也。从三羊。凡羴之属皆从羴。羶，羴或从亶。”段玉裁注：“羊多则气羴，故从三羊。”可见，“从三羊”不是表示羊多，而是表示“羊臭也”即羊的气味，即“气羴”，就是羶气。“羴”，现代汉字改用“羶”。

豩——甲骨文作“[拾一·五]”或“[京都二六八①]”。皆重“”而成字。《同文备考》：“豩，豕乱群。”“豕乱群”说明杂乱之意。《汉语大字典·豕部》：“甲骨文有象豕相逐之形，当即此字。”按：豕重形不是表示多，而是表示杂乱或相互追逐。

这种重形方式，其实就是一种认知功能的区别形式，就像词语重叠为语法形式一样，有区别所指的作用。

3. 表示双数或关系密切

朋——甲骨文作“[甲七七七]”“[前五·四·七]”或“[前六·二六·七]”等。王国维《说珏朋》：“殷时玉与贝皆货币也……其用为货币及服御者，皆小玉小贝而有物焉以系之。所系之贝、玉，于玉则谓之珏，于贝则谓之朋。”按：朋，重二玉或贝以表示双数。

雔——甲骨文作“[周原卜甲五三①]”或“[父丁觯]”，乃隹重形而成字，《说文》小篆承甲骨文作“”，隶变作“雔”。《说文·隹部》：“，双鸟也。从二隹。凡雔之属皆从雔。读若醻。”王筠释例：“雔，主鸟之俦侣言也。”徐灏笺：“双鸟为雔，即逑匹之意。”按：双隹表示俦侣，但也会产生相反的联想，也可以把“[父丁觯]”理解为两鸟在争斗，引申为仇雔，后繁体字增“言”（偏旁化作“讠”）作“讎”可证。《敦煌资料·契约文书·放妻书》：“三年有怨，则来雔隙。”汉字中常会有相反相对的两种意义，这就是汉字中的辩证法。

羽——甲骨文作“[京津四七六二]”或“[京津四七六二]”，《说文》小篆作“”，隶变作“羽”。《说文·羽部》：“，鸟长毛也。象形。”按：许慎君

“鸟长毛也”之说不妥。考甲骨文乃描画鸟翅膀之形而成字。因鸟翅膀对称成双数，所以常用来表示关系密切，如“党羽”“羽翼”；也常引申为两侧，如“两翼”。

冓——甲骨文作“[后上二六·六]”或“[前一·四○·五]”，《说文》小篆承甲骨文作“”。《说文·冓部》：“，交积材也。象对交之形。”今字或作“構”(简化作“构”)。《汉语大字典·隹部》：“甲骨文象两鱼相遇之形。”按：“两鱼相遇”可理解为相遇或亲昵。冓，今字或作“遘”(相遇)或“媾”(亲昵)等可证。

友——甲骨文作“[菁一·一]”，《说文》小篆承之作“”。《说文·又部》：“，同志为友。从二又。相交友也。”高鸿缙《中国字例》：“字从二又(手)合作，原为动词，周末渐与朋字同称，遂为名词。”

4. 表示强盛或弱小

(1)表示强大、高大

“人多势众”，量大而势强，所以常重形以表示强大。如：

弜——甲骨文作“[甲六四四①]”，重“(弓)”形而成字。“(弓)”，属取弓之形而成字。《说文·弓部》：“弓，以近穷远。象形。古者挥作弓。《周礼》六弓：王弓、弧弓以射甲革甚质；夹弓、庾弓以射干侯鸟兽；唐弓、大弓以授学射者。”当“(弓)”重形后，表示力量更强大，借指强大。《说文》小篆承甲骨文作“”，隶变作“弜”。《说文·弜部》：“，彊也。从二弓。”按：彊，现代汉字作“强”。弓重形后表示强大。

焱——甲骨文作“[乙八六九一①]”，由“(火)”重形而成字。“(火)”，属取火焰升腾之形而成字，表示火势强劲。《说文》小篆承甲骨文作“”。《说文·焱部》：“，火华也。从三火。”段玉裁注：“凡物盛则三之。”按：据段玉裁“凡物盛则三之”之说，焱的造字语言可理解为：火势强大。

（2）表示弱小

弱者重形之后，表示更弱；小者重形之后，表示更小。如：

𢆶——甲骨文作“[前七·二三·二]”，乃“（幺）”重形成字，“（幺）”是“（糸）”因借形法而形成的变体，借糸之形体表示微小。《说文》小篆承甲骨文作“”，隶变作“𢆶”。《说文·丝部》：“，微也。从二幺。”例如“幽”，从山，从𢆶，𢆶亦声。“𢆶”，重二幺表示微小之意。

（3）表示临近并立或协同

比——甲骨文作“[京津一二六六①]”，重“（匕）”而成字。《说文》小篆承甲骨文作“”，隶变作“比”。《说文·比部》：“，密也。二人为从，反从为比。”按：“密也”即临近，如“鳞次栉比”“天涯若比邻”等。因临近也常引申为“比较”“对比”之意。

竝——甲骨文作“[后下九·一]”，重“（立）”而成字。“（立）”属取人正面站立地面之形而成字，《说文》小篆承甲骨文作“”，隶变作“立”。《说文·立部》：“，住也。从大立一之上。”按：一，地。重“（立）”作“（竝）”表示两人并立于地面之上之意。甲骨文“（竝）”表示两人并排站立，《说文》小篆承甲骨文作“”。《说文》：“，併也。从二立。”隶变之后作“竝”，繁体或作“並”，现代汉字与“并”合并为一字。

劦——甲骨文作“[后上·一九·六]”，乃力重形而成。力，甲骨文作“[乙八八九三]”。《汉语大字典·力部》：“古文字‘力’象耒形。金文中从力之字，有时即从耒作。”劦，《说文》小篆承甲骨文作“”，隶变作“劦”。《说文·力部》：“，同力也。从三力。”《汉语大字典·力部》：“甲骨文象三耒，表示合力并耕的意思。”按：劦，简化字作“协”，协同之意。

甲骨文中的上述重形造字法为后起文字所效法，如“（屮）”除了重形为“艸”外，又重形作“芔”和“茻”等。

所有的重形字都是由因表形法而成字的标识符号重形而成，但重形后或转为借形用法而标识新的所指，这是重形字的特殊的认知方式。

（四）形声字造字法分析

1. 甲骨文形声字的两种类型

根据声旁是否具有表意功能，可把甲骨文中的形声字分为以下两种类型：

（1）形旁（类化符号）+声旁（区别符号）

形旁，主形，类化符号；声旁，主声，区别符号。换句话说就是形旁表意，充当部首，具有类化功能；而声旁，作为区别符号，表音。这是形声字的主要类型。所谓的“形声”这个概念就是针对此种情况提出来的。如“[京津二〇〇七]（汝）”，《说文》小篆作“”，隶变作“汝”。《说文·水部》：“，水。出弘农庐氏还归山，东入淮。从水，女声。”其中作为部首的“”，隶变之后偏旁化作“氵”，类化符号，表示水流之属；而“（女）”充当声旁，区别所指。其他如：

杞——甲骨文作“[后下三七·五①]”，《说文》小篆承之作“”，隶变作“杞”。《说文·木部》：“，枸杞也。从木，己声。”按：形旁木，作为部首表示木之属；己，区别符号，充当声旁。

柄——甲骨文作“[乙七一六〇]”或“[丙八三①]”，《说文》小篆承之作“”，隶变作“柄”。《说文·木部》：“，柯也。从木，丙声。”按：形旁木，作为部首表示木之属；丙，区别符号，充当声旁。

棋——甲骨文作“[前二·一八·六①]”，《说文》小篆作“”，隶变作“棋”。《说文·木部》：“，博棊。从木，其声。”按：形旁木，作为部首表示木之属；其，区别符号，充当声旁。

狼——甲骨文作“[前六四八·四①]”，《说文》小篆作“”。《说文·犬部》：“，似犬，锐头，白颊，高前，广后。从犬，良声。”按：形旁犬，作为部首表示犬类长脊椎动物之属，现代汉字常偏旁化作“犭”；良，区别符号，充当声旁。

洛——甲骨文作“[存下九七四]”，《说文》小篆承之作“”，隶变作“洛”。《说文·水部》：“，水。出左冯翊归德北夷界中，东南入渭。从水，各声。”按：形旁水，作为部首表示河流之属；各，区别符号，充当声旁。

(2)形旁(区别符号兼类化功能)＋声旁(标识符号充当声旁)

形旁，区别符号兼类化功能；声旁，标识符号，既表意也表音。许慎在《说文》中用“亦声”来说明。如《说文·攴部》：“政，正也。从攴从正，正亦声。”其中“正”，标识符号，充当声旁。古今字的今字都是表示符号充当声旁的形声字，如：

畐/福——畐，甲骨文作“[甲三〇七二]”或“[粹三九]”，描述器中盛满酒之状。《集韵·屋韵》：“畐，满也。”按：畐，后甲骨文增示部作“[甲二六八四]”或“[前四·二二·一]”，《说文》小篆作“”。《说文·示部》：“，祐也。从示，畐声。”按：许慎“从示，畐声”之说不妥。畐、福古今字。如《字彙·田部》：“畐，古福字。”福，从示(偏旁化作“礻”)，从畐。畐亦声。

八/分——八，甲骨文作“[前二·三二·四]”，《说文》小篆作“”。《说文·八部》“，别也。象分别相背之形。”由于八借作八九之八，为强调分别之意，甲骨文遂增加刀旁作“[铁三八·四](分)”，《说文》小篆承之作“”。《说文·八部》：“，别也。从八从刀，刀以分别物也。”

屰/逆——屰，甲骨文作“[甲二八〇五]”或“[乙三九三九①]”，金文或作“[丁爵]”，象人倒立之状，逆反之意。《说文》小篆承之作“”，隶变作“屰”。甲骨文增止或彳作“[乙八七六二]”“[前五·二六·五]”或“[甲八九六]”，造字语言略同——“[乙八七六二]”，从“(止)”借指行走，从“(屰)”表示方向相反；“[前五·二六·五]”，从“(彳)”借指行走，从“(屰)”表示方向相反；“[甲八九六]”，从“(辵)”表示行走，从“(屰)”表示方向相反。虽偏旁有所区别，但词义均可概括为“逆行”。《说文》小篆统一字形作“”，隶变作“逆”。《说文·辵部》：“逆，迎也。从辵，屰声。关东曰逆，关西曰迎。”按：逆，逆行，由于迎接必须逆向而行，所以引申为迎，这就是汉字的辩证法。

上述这种声旁表意的形声字正符合宋人王子韶（字圣美）所提出的“右文说”。《梦溪笔谈·卷十四》：“王圣美治字学，演其义以为‘右文’。古之字皆从‘左文’。凡字，其类在左，其义在右。如木类，其左皆从‘木’。所谓‘右文者’，如‘戋’，小也，水之小者曰‘浅’，金之小者曰‘钱’，歹而小者曰‘残’，贝之小者曰‘贱’。如此之类，皆以‘戋’为义也。”

所谓的“右文”指的是声旁。一般来说，如果是左右结构，那么形声字的形旁在左，而声旁在右。所以“右文”指声旁。“右文说”其实就是声旁表意说。可见，声旁的作用并非“半主声”这么简单。声旁表意是比较普遍的现象，古今字之今字的声旁都是表意的。古今字的例子如前面提到的屰和逆，古字充当今字的声旁，都具有表意功能。因此，形声字的形旁和声旁的认知功能不是“半主形”和“半主声”这么简单。

2.形声字形旁和声旁的认知功能

(1)形旁表示类属关系，声旁为区别符号

如“[前二·四·三]（水）”，作为形旁表示类属关系时，声旁为区别符号。如：

洛——甲骨文作“[存下九七四]”，《说文》小篆承甲骨文作“”，隶变作“洛”。《说文·水部》：“，水。出左冯翊归德北夷界中，东南入渭。从水，各声。”按：“（洛）”，从“（水）”作部首，类化符号，表示河流之属，而声旁“各”则为区别符号，区别所指。声旁不同，所指不同。

淮——甲骨文作“[前二·一六·三]”或“[续三·三〇·六]”，《说文》小篆承甲骨文统一字形作“”。《说文·水部》：“，水。出南阳平氏桐柏大复山，东南入海。从水隹声。”按：“（淮）”，从“（水）”作部首，表示河流之属，而声旁“隹”则为区别符号。

河——甲骨文作“[前一·四八·五]”“[林二·二〇·一二]”或“[甲二四九一①]”。“[前一·四八·五]”，黄河。从“(水)”“(丂)”，“(丂)”亦声。部首“(水)”，因表形法而成字，充当类化符号，形旁，表示水流之属。声旁“(丂)”，描画老人所持拐杖之形而成字，因拐杖是弯曲的，所以标识弯曲，“(丂)”作为标识符号充当声旁，也表示黄河弯弯曲曲之意。“[林二·二〇·一二]”，黄河。从“(水)”作部首表示水流之属，从“(丂)”表示弯曲，“(丂)”亦声。“[甲二四九一①]”，黄河。从“(水)”作部首表示河流之属，“(何)”声旁，区别符号。河，《说文》小篆作“”。《说文·水部》：“，水。出敦煌塞外昆仑山，发原注海。从水，可声。”按：黄河属河流，所以从“水”作部首，表示与水相关，而声旁“可”则为区别符号。

再如“[甲三五一〇]”作为类化符号充当形声字的部首时，其声旁是区别符号。如：

杞——甲骨文作“[乙八八九五]”或“[后下三七·五①]”，造字语言相同。如“(杞)”，枸杞。部首“(木)”，类化符号，表示树木之属；“(己)”，区别符号，充当声旁。

杜——甲骨文作“[七p六七]”，甘棠，果树。部首“(木)”，类化符号，表示树木之属；而声旁“(土)”，区别符号。

(2)形旁表示相关联系，声旁为区别符号

如“”充当部首借指与水流或与水相关的事物或行为时，声旁为区别符号。如：

洒——甲骨文作“[前二·一〇·三]”或“[后上一一·八]”，《说文》小篆承甲骨文作“”，隶变作“洒”。《说文·水部》：“，涤也。从水，西声。古文为洒扫字。先礼切。”按：洒，读作“xǐ”，同“洗”，洗涤，因洗涤与水相关，所以从“(水)”作部首表示与水相关，而声旁“(西)”则为区别符号。

沚——甲骨文作“[甲二四〇六]”或“[前六・二五・六]”，《说文》小篆承甲骨文作“”。《说文・水部》：“，小渚曰沚。从水，止声。《诗》曰：‘于沼于沚。’”按：甲骨文“[甲二四〇六]”从“(水)”、“[前六・二五・六]”从“(水)”作部首表示与水相关，而“[甲二四〇六]”中之“(止)”和“[前六・二五・六]”中之“(止)”，区别符号，充当声旁。

(3)形旁充当区别符号兼类化功能，声旁为标识符号兼区别符号

如甲骨文“[京都二一一三](得)”字的声旁“(导)”，其造字语言为：拾到钱财(古代海贝可作货币)。当“(导)”作为标识符号，充当声旁，表示得到之意时，形旁“(彳)”除了区别“得”和“导”这两个字形外，还兼类化符号，表示与行走有关。如《说文・彳部》：“，行有所得也。从彳，导声。”据许慎“行有所得也”之说可知，部首彳表示行走。再如“(逆)”，《说文》小篆作“(逆)”。《说文・彳部》：“，迎也。从辵，屰声。关东曰逆，关西曰迎。”按：考甲骨文“(逆)”，从“(彳)”，充当类化符号，表示与行走有关，兼有区别；声旁“(屰)”作为“(逆)”的古字，倒反人体以表示倒反，表示本义兼声旁。凡古今字的今字都属此类。

第四章　甲骨文的形体分化

汉字本源于认知实践，是先民为满足认知实践的需要所造，必然伴随着认知实践的发展深入而不断演进。同时，汉字是记录语言的书写符号，语言是认知实践的产物和工具，且随着实践的发展而演进，语言的演进反过来也会促使汉字的演变。甲骨文也不例外，也会发生演变。甲骨文的形体演变包括书体的演变和形体分化诸多方面，下面仅就甲骨文的形体分化现象进行研究。

第一节　甲骨文偏旁化

一个独体字演变为偏旁构成合体字时，其形体要发生变化，即“偏旁化”。本节对甲骨文偏旁化的概念和类型进行初步分析。

一、何为偏旁化

“先文后字”的历史规律表明，作为合体字的“字”，是由作为“文”的独体字所演变的偏旁构成的。当一个独体字演变为偏旁时，其形体往往会发生变化从而形成新的形体，这种现象就是所谓的“偏旁化”。[①] 如：

水——氵：江、河、游、泳、渴、淹……

人——亻：休、伐、伙、伴、体、位……

火——灬：煮、蒸、烹、热、熟……

甲骨文虽间架结构并不严格，但已经出现一些偏旁化现象。

二、甲骨文偏旁化的类型

偏旁都由一个独立的字演变而来，演变为偏旁的独体字，我们称之为“本字”，偏旁化形成的新形体，我们称之为“变体”。根据变化的原因可以把甲骨文偏旁化形成的变体分为两种类型：

（一）结构变体

一个独体字演变为偏旁后，功能没变，因适应汉字结构的需要变化而成的新形体称之为“结构变体”。

例如“休”，甲骨文作“□[前五·二六·三]”，《说文》小篆承之作“□”。《说文·人部》：“□，息止也。从人依木。许尤切。”据“从人依木”可知，甲骨文“□”字，是由“□（人）”和“□（木）”两个独体字演变为偏旁构成的。“□（人）”，因表形法而成字，即直接描述人直立行走之状而成字以记认人。“□（人）”在“□”字中，虽偏旁化为“□”形，但功能没变，依然属于表形法，仍然记认人。而“□（木）”是概括树木特征而成字的，构成会意字“□”后，依然属标识符号，指树木。所以“□（人）”和“□（木）”都是以表形用法构成“□”，功能没变。许慎在《说文》中根据“□（人）”和“□（木）”所标识的人和树木之间的关系而把“□”判断为“从人依木”的会意字。何为“从人依木”呢？可以根据甲骨文的“□”字把造字原理描述为：一个人背靠大树在憩

① 参见王玉新：《汉字部首认知研究》，山东大学出版社2009年版，第90页。

息，许慎把词义概括为“息止”。

又如截取“[甲八四〇]”的部分而成“(户)”字，也属于结构变体，仍指房门。如甲骨文“[菁七·一①]”(启)，描述用手开门之状而成字。“(启)”，从“(又)”从“(户)”，“(户)”乃截取“(門)”之一扇门而成字，表示门扇。“(启)”的词义可概括为“打开”，如《左传·郑伯克段于鄢》：“大叔完聚，缮甲兵，具卒乘，将袭郑。夫人将启之。”其中“夫人将启之”中的“启之”即打开城门之意。

再如甲骨文“[前三·三三·五]”或“[宁沪三·四〇]”，《说文》小篆承甲骨文作“”。《说文·火部》：“，明也。从火在人上，光明意也。古皇切。”按：“从火在人上”以示荣光之意，许慎“光明意也”之说乃引申义。另，由于人用于下面作偏旁时常屈体(偏旁化)作“”或“”，隶变之后形体演变为“儿”，但所指仍然是人，而且读音与“人”相同，仍读作“rén”。可见“光”字下面的“儿(rén)”属偏旁化后形成的人的结构变体。“先”字中的“儿”也是人屈体而成的结构变体。先，甲骨文作“[宁沪一一三〇二]”或“[乙七九八]”，造字语言同。如“[宁沪一一三〇二]”，从“(止)”在“(人)”前，描述走在人前面之状，意为先进或先逝。《说文》小篆承甲骨文作“”，隶变之后作“先”，其中之“儿(rén)”是人因屈体而成的结构变体。其他如“允”和“兄”中的“儿(rén)”也是人屈体而成的结构变体。

结构变体都是为了适应结构的需要而发生的形体变化现象，虽然形体变了，但偏旁的认知功能并没有发生变化。

(二)功能变体

所谓的“功能变体”，即一个独体字为了区别其不同的认知功能而形体发生变化从而生成的新形体。偏旁的认知功能是以取形法为认知前提的，而取形法分为表形法和借形法，一个因表形法所造之字通过联想演变为借形法时，所表达的内容也会随之发生变化，为了区别其变化，字形也往往会发生变化从而变成一个新形体。

如“行”，甲骨文作“[甲五七四]”。罗振玉《殷虚书契考释》：“象四达之衢，人之所行也。”按：“(行)”因表形法而成字，取十字形道路之形而成字以记认道路。因道路是供人行走的，所以就常借指行走，为了与道路之行相区别，常截取(省略)“[甲五七四]”的部分作“()”，使其失去道路原状，改变为借形法，专门表示行走，这个“()”就是“[甲五七四]”的功能变体。如“(得)”，《说文》小篆承甲骨文作“”。《说文・行部》：“得，行有所得也。从彳，㝵声。”据许慎“行有所得也”之说，“”中之“(彳)”表示行走。“(彳)”，《说文》小篆承之作“”，隶变之后作“彳”，属借形用法，借指行走，因道路是供行走用的。

第二节　甲骨文同源字

有些字是取同一个事物之形所造，为同源字，如“[粹六五九]”(月)和“[铁一六・一]”(夕)；有些字是通过变化现有的字形而分化，也归为同源字，因为形体是同源的。

一、甲骨文同源字及分化规律

(一)甲骨文同源字的概念及分化的原因

同源字是指形体同源但因字义分化而派生出来的一组字。汉字是出于认知的需要为记认事物从而取形于物而成字的，从取形法的角度来看，形体同源就是指取形对象相同或一个字形体变化而分化出的一组字。根据分化的原因，可把同源字分为以下四类：

1. 因取形角度不同而分化的同源字

甲骨文“[甲八五四①]”(人)和“[粹一七二]”(大)虽都是取人之形体特

征而成字，但因取形角度不同从而分化为不同的字。

人——甲骨文作“（人）”，组合人侧面站立行走之特征以区别于其他动物而成字以记认人。无论是作为独体字或作为偏旁都表示人，如“[前五・二六・三]”和“[前二・一九・一①]”。“（休）”，《说文》小篆承甲骨文作“”，隶变作“休”。《说文・木部》：“，休，息止也。从人依木。”据许慎“从人依木”之说可知，甲骨文“（休）”，描述人背靠大树（休息）之状而成字。由“（人）”和“（木）”两个偏旁构成。“（仁）”，《说文》小篆承甲骨文作“”，隶变作“仁”。《说文・人部》：“，亲也。从人从二。”据许慎“从人从二”之说并通过小篆“”同甲骨文“（仁）”相类比可知，甲骨文“（仁）”，由“（人）”和“（上）”构成。以人为上，即以人为贵。

大——甲骨文作“[粹一七二]”，描画人正面站立之形而成字。《说文》小篆承甲骨文作“”，隶变作“大”。《说文・大部》：“，天大，地大，人亦大。故大象人形。”甲骨文中“（大）”可作为独体字以记认人，而在现代汉字系统中其作为独体字是大小之大，但作为形旁仍然记认人，如“[后下九・六]”（立）、“[前五・三二・一]”（夫）和“[乙三〇〇八①]”（天）。“（立）”，描述“（大）”站立于“—”（地）之上之状而成字。《说文》小篆作“”，隶变作“立”。《说文・立部》：“，住也。从大立一之上。”徐铉校录：“大，人也。一，地也。会意。”[①]林义光《文源》：“象人正立地上形。”可见，“（大）”，取人正面站立之形以记认人。“（夫）”，从在“（大）”上加“—”以记认绾发之簪。《说文》小篆承甲骨文作“”，隶变作“夫”。《说文・夫部》：“，丈夫也。从大，一以象簪也。周制以八寸为尺，十尺为丈。人长八尺，故曰丈夫。”高鸿缙《中国字例》：“夫，成人也。童子披发，成人束发，

① 转引自《汉语大字典》（缩印本），四川辞书出版社、湖北辞书出版社1993年版，第2706页。

故成人戴簪，字倚大（人）画其首发戴簪形。”可见，大，即人。“（天）”，从“”在“（大）”之上标记人头顶。《说文》小篆承甲骨文作“”，隶变作“天”。《说文·一部》：“，颠也。至高无上，从一、大。”按：许慎“颠也”指人颠顶，即头顶，引申为凡高于人头顶之物，如“天线”“天花板”“天空”等。

综上所述，“（人）”和“（大）”两字虽都取人之形而成字，但因取形角度不同而分别造出取侧面直立的“（人）”和正面站立的“（大）”两个同源字。

2.因取形法的不同而分化的同源字

甲骨文“[粹六五九]”（月）和“[铁一六·一]”（夕）都是取弦月之形而成字，形体构造相同，但因取形法不同而发生分化。月，甲骨文作“[粹六五九]”或“[甲二二五]”，属直接描画夕月之形而成字以记认月亮，《说文》小篆承甲骨文作“”，隶变之后作“月”。夕，甲骨文作“[铁一六·一]”或“[甲一一二七①]”，属借形法，借弦月之形代指傍晚，因弦月出现于西方之时正是傍晚时刻，所以借指傍晚。甲骨文“[铁一六·一]”或“[甲一一二七①]”，《说文》小篆始演变为“”，隶变作“夕”，形体与“月”相区别。

取形对象相同但因表形法和借形法的不同而分化出同源字，在甲骨文中是常见的同源分化现象。

“糸”分化出“幺”属于因借形法不同所导致的分化现象。糸，甲骨文作“[粹八一六]”“[甲三五七六]”或“[乙一二四①]”，《说文》小篆承甲骨文作“”。《说文·糸部》：“，细丝也。象束丝之形。凡糸之属皆从糸。”按：据许慎“象束丝之形”可知，甲骨文“[粹八一六]”“[甲三五七六]”或“[乙一二四①]”等乃描画糸束之特征而成字以记认蚕丝，因蚕丝细小所以借指幼小从而分化出“幺”。幺，甲骨文作“[粹八一六]”，《说文》小篆承甲骨文作“”。《说文·幺部》：“，小也。象子初生之形。”按：许慎“象子初生之形”之说不妥。朱骏声《说文通训定声》:“此字当从半糸。糸者,丝之半;幺者,糸之半,细小幽隐之谊。”[①]按:按朱骏声“糸者,丝之半”之说,“幺”当为“丝”截取部分从而偏旁化而成的变体。李孝定《甲骨文字集释》按:“许书之幺乃由糸之古文所孳衍,形体不异而音义已殊,惟幺训‘小也’犹为糸之本义‘细糸也’一义所引申。”按:此说是。从取形法的角度来看,“幺”属借形法的产物,因借“细糸”代指“小也”,终因认知内容演变而发生分化,于是就分化为“幺”与“糸”形体不同的两个字。

3.因偏旁化而分化的同源字

甲骨文中一个独体字由于间架结构的需要,往往会偏旁化为认知内容有别的独体字。如:人——儿、卩、尸。

人,甲骨文作“[甲八五四①]”,描述人直立行走之状而成字以记认人类。作为偏旁参与合体字的构造时,由于间架结构的需要从而分化出了“儿”“卩(㔾)”和“尸”几个不同的变体。儿,《六书故・人一》:“人、儿非二字,特因所合而稍变其势。合于左者,若‘伯’若‘仲’,则不变其本文而为‘人’;合于下者,若‘儿’若‘见’,则微变本文而为‘儿’。”按:根据上述分析,“儿”是“人”因偏旁化所分化的同源字,凡从“儿”之字,都与从人同,如:

元——甲骨文作“[前四・三二・四]”“[乙三四一六]”或“[粹一三〇三]”,造字语言相同,如“[前四・三二・四]”,从“(上)”在“(人)”之上以标记人之首。《说文》小篆作“”,隶变作“元”。可见甲骨文“元”下之“(人)”,至《说文》小篆作“”,隶变作“儿”。“元”字中偏旁“儿”就是“人”偏旁化而演变的同源字。现代汉字中的独体字儿子的“儿”是繁体字“兒”的简化字,不是“儿(rén)”。

① 转引自《汉语大字典》(缩印本),四川辞书出版社、湖北辞书出版社1993年版,第1092页。

先——甲骨文作“[宁沪一一三〇二]”或“[乙七九八]”，造字语言同，如“(先)”从“(止)”在“(人)”前以示先行，也引申为先逝，所以称故去之人为“先人”或“先祖”等。《说文》小篆承甲骨文作“”，隶变作“先”。可见甲骨文“(先)”中之偏旁“”，《说文》小篆作“”，隶变作偏旁字“儿(rén)”。

综上所述，甲骨文“(人)”在“(元)”“(先)”等字中用于下面偏旁而形体微屈，历经小篆之后形体开始分化，于隶变之后“人”分化成“儿(rén)”。这是一种历史演变形象，我们称之为“历史分化”。但从甲骨文“(人)”中分化出“[乙九〇七七]”(卩、㔾)或“[粹五一九]”(尸)则属于“共时分化”现象”。如：

即，甲骨文作“[存一六二五]”或“[前六·五二·三]”，《说文》小篆作“”，隶变作“皀”，简化作“即”。《说文·皀部》：“，食也。”林义光《文源》：“卩，即人字。皀，就也……象人就食之形。”据林义光“象人就食之形”之说可知，“(皀)”中之“(卩)”是“(人)”为表达跽坐(就食)之姿势屈体而分化，至《说文》小篆作“”，隶变作“卩”或“㔾”等。甲骨文的“(人)”分化出“(卩)”，因认知内容不同而分化，是一种共时分化现象。

甲骨文“[粹五一九]”(尸)也是“(人)”共时状态下分化而来，也属于共时分化现象。尸，甲骨文作“[粹五一九]”，取人侧面屈体之形而成字。《说文》小篆承之作“”。《说文·尸部》：“，陈也。象卧之形。”容庚《金文编》：“象屈膝之形。后叚夷为尸，而尸之意晦。祭祀之尸，其陈之祭，有似于此，故亦以尸明之。”可见“尸”也是由人之侧面屈膝而分化，属“人”的同源字，因表现屈体姿势而分化。《汉语大字典·尸部》：“古代祭祀时代表死者受祭的活人(一般以臣下或死者的晚辈充任)。”按：“(尸)”和“

(人)”都是描述人侧面直立行走之状而成字，由于“(尸)”记认“受祭的活人”这一特殊人群，所以才屈体以区别于“(人)”，“尸”的任务是跪着替死者受祭并答拜，如《仪礼·特牲馈食礼》：“主人再拜，尸答拜。”可证。需要注意的是，有些从“尸”作部首之字其功能往往与“人”无别，如“尾”，甲骨文写作“[乙四二九三]”，《说文》小篆承甲骨文作“”。《说文·尾部》：“，从倒毛在尸后。古人或饰系尾，西南夷亦然。”“尸”在这里功能与人部同，是类化符号，表明与人相关。再如甲骨文“[京津二七二八①]”(屎)和“[菁五·一]”(尿)两字中的部首“尸”功能与人字同。

4.因特殊作用而分化的同源字

甲骨文“[乙九○七七]”(卩)因特殊作用而分化。如“即”，甲骨文作“[存一六二五]”或“[前六·五二·三]”，《说文》小篆承甲骨文统一字形作“”，隶变作“卽”，简化作“即”。《说文·皀部》：“，即食也。从皀，卪声。”林义光《文源》：“即，就也……象人就食之形。”此说是。据“象人就食之形”之说，“[存一六二五]”或“[前六·五二·三]”中的“”乃“人”因跽坐“就食”从而屈体所致。再如，“既”的甲骨文“[佚六六七二]”或“[佚六九五]”与“即”的甲骨文“[存一六二五]”或“[前六·五二·三]”正好相对。甲骨文“[佚六六七二]”(既)中之“(旡)”因描述背向食器“(皀)”以示“食已”(即吃完了)之状而成字，如幼儿吃饱后常回头表示拒绝食物可证。由“(卩)”表示背向食器的特殊姿势而形体分化作“(旡)”。可见，“(卩)”和“(旡)”取形方式相同，都是描述人跽坐之状而成字，但因头的朝向不同而分化。

再如“”(步)和“”(夅)也因特殊作用而分化。“(步)”和“(夅)”因脚指头朝向相反而发生分化——“(步)”，脚趾朝前以描述向前或向上行进之状，如“[宁滬一·五九二]”(陟)，从“(阜)”表示与山有关，从“(步)”

脚趾朝上以描述登山之状。词义概括为攀登。“(夅)”正好相反，如“[乙七七九三年]”(降)，描述下山之状。从“(阜)”表示与山有关，从“(夅)”脚趾朝下以描述向下降之状。词义概括为下降。可见，“(步)”和“(夅)”因脚趾朝向不同而分化。

(二)同源字的特征

1.形体和认知内容不同

同源分化就是形体来源相同的字形体所发生的分化(形音义都不同)，形体之所以发生分化，就是因为认知内容有别。如前面分析过的例子：

人/大、儿、尸、卩(㔾)

又/𠂇、爪

无一例外，凡是发生分化的字形其形音义都会有区别，从某种意义上来说，这种区别是认知内容变化的直观反映。

2.读音不同

同源字，形体一旦分化，读音都不同了，这是出于区别不同造字语言的需要，也是同源分化标志之一。如，“行”读作“xíng”，而“彳”读作“chí”；“人”读作“rén”，而“尸”读作“shī”；等等。

二、常见甲骨文同源字例释

(一)取人或与人有关事物之形所分化的同源字

1.取人整体特征而成字所分化的同源字

(1)人/尸、卩(㔾)、匕

取人之形而成字但因认知内容有别或因偏旁化的原因而分化。具体解释如下：

人——甲骨文作“[戬四一·六]”。《汉语大字典·人部》：“甲骨文象人侧面站立形。”按：描述人侧面直立之特征以记认人类。“（人）”常作为部首参与会意字的构造。如“企”，甲骨文作“[京津二八四八]”或“[甲一〇一一]”等，《说文》小篆承甲骨文统一字形作“”，《说文·人部》：“，举踵也。从人，止声。”林义光《文源》：“人下有足迹，象人举踵形。”按：“象人举踵”意在有所期盼。再如“休”，甲骨文作“[前五·二六·三]”，《说文》小篆作“”。《说文·木部》：“，息止也。从人依木。”

尸——甲骨文作“[前七·三〇·二]”，属表形法，描画人侧面站立而屈体之形而成字。《说文》小篆作“”。《说文·尸部》：“，陈也。象卧之形。”“尸”与“人”都是取人侧面图形而成字，取形法相同，因屈膝跪拜姿势这一特殊姿势而分化。但尸作为部首时，也常作为人的标识符号，参与会意字的构造，作用与人字同。如“尾”，甲骨文作“[乙四二九三]”，《说文》小篆作“”。《说文·尾部》：“，微也。从到毛在尸后。古人或饰系尾，西南夷亦然。”按：据“古人或饰系尾”之说，“尸”与“人”同。其他如“屎”“尿”和“尻”等字中偏旁“尸”都是人的同源字。

卩（卪）——甲骨文作“[乙九〇七七]”，取人侧面跪坐之形。如前所述，“即”，甲骨文作“[存一六二五]”或“[前六·五二·三]”。《说文》小篆承甲骨文作“”，隶变作“即”。《说文·皀部》：“，即食也。从皀，卪声。”“[存一六二五]”或“[前六·五二·三]”中的“”乃“人”因跪坐“就食”的认知内容不同而分化的同源字。再如“印”的甲骨文“[乙一四三]”或“[乙一〇〇]”，《说文》小篆承甲骨文统一字形作“”，隶变作“印”。《说文·印部》：“，执政所持信也。从爪从卪。”罗振玉《增订殷虚书契考释》：“卜辞‘印’字从爪，从人跽形，象以手抑人而使之跽。其谊如许书之抑，其字形则如许书之印……予意许书印、抑二字古为一字，后世之印信，古者谓之玺节，初无印之名。”按：据“象以手抑人而使之跽”之说，“（印）”中之

“(卩)”应是人字因“使之跽”从而屈体而分化的同源字。

匕——甲骨文作“[乙三七二九反①]”或“[后下三六·六]”，属取人侧面站立之形而成字，造字语言与“[戬四一·六]”相同。《说文》小篆承甲骨文作“”。《说文·匕部》：“，相与比叙也。从反人。”段玉裁注：“比者，密也；叙者，次第也。”据许慎“从反人”之说，匕字应是人因偏旁化而分化的同源字。如“比”，甲骨文作“[京都一八二二]”或“[京津一二六六]”，《说文》小篆承甲骨文作“”。《说文·比部》：“，密也。二人为从，反从为比。夶，古文比。”段玉裁注：“(夶)盖从二‘大’也，二大者，二人也。”

在有些字中作为偏旁的“匕”也是因认知内容不同而分化的，如“死”，甲骨文作“[甲二六五]”“[乙一〇五]”或“[前五·四一·三]”。商承祚《殷虚文字类编》：“生人拜于朽骨之旁，‘死’之谊昭然矣。”按：据上述“生人拜于朽骨之旁”之说，人因表示“生人”屈体叩拜之姿势形体发生变化，如“[甲二六五]”中人形作“”，“[乙一〇五]”中屈体作“”，而在“[前五·四一·三]”中则屈体作“”，以表示叩拜之状。

(2)女/母

“女”和“母”都是描述女性之侧面席地而跪坐之姿势而成字，因认知内容不同而分化，即生子者为母。

女——甲骨文作“[铁一六四·一]”，描述女性侧面屈膝跪坐劳动之姿势而成字。《说文·女部》：“女，妇人也。象形。王育说。”段玉裁注：“男，丈夫也。女，妇人也……浑言之，女亦妇人，析言之，适人乃言妇人也。”可见“女”的认知对象包括女性和妇人两个所指，笼统地说都是女性。

母——甲骨文作“”[前八·四·七]，描画女性侧面跪坐之姿势并突出其乳房以示生育功能而成字。《说文》小篆作“”，隶变作“母”。《说文·目部》：“，牧也。从女，象怀子形。一曰象乳子也。”“母”因有乳房以示生育功能而与“女”有所区别。

2.取人体器官或肢体之形而成字所分化的同源字

(1)取头和头部器官或肢体之形而成字所分化的同源字

①首/百、页

“首”和“页”都是取人之首之形而成字，因认知内容不同而分化。

“首”，甲骨文作“[乙三四〇一]”，《说文》小篆作“”。《说文·首部》：“，百同。古文百也。巛象发，谓之鬊，鬊即巛也。”《汉语大字典·首部》按：“甲、金文首字象人头有发形。商承祚《说文中之古文攷》：‘百者篆文，首者古文。曷以古篆别出为部首？以各有隶之字故也。其字从古文者多，篆文者少，又肖其形，遂篆废而古文行也。’”按：“百”，《说文》小篆作“”。《说文·百部》：“，头也。象形。”按：首乃描画头有发之形而成字。

首字作为部首，常作类化符号，表示与人头有关。如“馘”，《说文解字》：“聝，军战断耳也。《春秋传》曰：‘以为附聝。’从耳，或声。馘，或从首。”段玉裁注：“今经传中多从首。”

页(頁)——甲骨文作“[乙八八四八]”，《说文》小篆承甲骨文作“”，隶变作“頁”，简化作“页”。《说文·页部》：“，头也。从百，从儿。”李孝定《甲骨文字集释》：“古文页百首当为一字，页象头及身，百但象头，首象头及其上发小异耳。”按：页、百、首三字都属取人头之形而造的字，因“页”字下增“儿”、“首”上有发使之区别并分化而成为一组同源字。

②目/见

“见”是以“目”为原型而因认知功能引申分化出的同源字，分担了“目”视觉之功能。

目——甲骨文作“[甲二一五]”，《说文》小篆承甲骨文作“”。《说文·目部》：“，人眼。象形。”按：甲骨、金文字形象人的一只眼，目字属取人一只眼之形而成字。由于人眼为两只，借人一只眼代替两只眼睛，属表形法中的部分替代法。又因为人的眼睛是视觉器官，所以常借“目”来代指视觉行为，如《广雅·释诂一》："目，视也。"再如《正字通·目部》："目，凡注视曰目之。"按：目本属横体，至《说文》小篆偏旁化作"目"。徐灏笺："《说文》小篆从古文变耳。'目'篆本横体，因合于偏旁，而易横为直。"

见(見)——甲骨文作"[后下二·一]"或"[珠二五]"，《说文》小篆承甲骨文作""。《说文·见部》："，视也。从儿，从目。"按：疑"见"非会意字，实乃合体象形字。甲骨文"[甲三五二一]"和"[珠二五]"等，描画人睁大一目之形成字，突出其目旨在表示用目视物。从这一点上来看，"目"和"见"的认知功能均源于所取"目"之形，所以两字认知功能本源相同，而"见"以"目"为原型而分化，分担了目字视觉之认知功能，凡从见之字仅表示视觉行为。如"视"，甲骨文作"[前二·七·二]"，《说文》小篆承甲骨文作""。《说文·见部》："，瞻也。从见、示。"按：视，从见，示声。部首见表示视觉行为，词义可概括为：看、察视。見，简化作"见"，失去目形。

③口/曰

"曰"是以"口"为原型而因认知功能引申分化出的同源字，分担了"口"言语之功能。

口——甲骨文作"[甲一二七七]"，描画人和动物之口之形而成字以记认人和动物之口，《说文》小篆承甲骨文作""。《说文·口部》："，人所以言食也。象形。"可见，口有"所以言食"等多种功能。

曰——甲骨文作"[前六·四八·五]"或"[前四·二九·五]"，《说文》小篆承之作""，隶变作"曰"。《说文·曰部》："，词也。从口，乙声，亦象口气出也。"按：许慎"词也"指言语。观甲骨文乃在口之形上添加标记作"[前六·四八·五]"或"[前四·二九·五]"以分担口之言语功能。

④舌/言

"言"以"舌"为原型而分化，分担了"舌"的言语功能。

舌——甲骨文作"[乙二二八八]"或"[后上二四一〇]"，《说文》小篆承甲骨文作“”。《说文·舌部》:“，在口所以言也、别味也。从干从口，干亦声。”《汉语大字典·舌部》按:“甲骨文象张口舌向前伸有所移动之形。”按:舌有言语、别味等多种功能。

言——甲骨文作“[京津三五六一]”或“[拾八·一]”,《说文》小篆作“”。《说文·言部》:“，直言曰言，论难曰语。从口，辛声。”郑樵《通志》:“言，从二、从舌。二，古文上字。自舌上而出者，言也。”《汉语大字典·言部》:“甲骨文‘言’象舌从口中伸出形。”按:甲骨文“[京津三五六一]”或“[拾八·一]”乃描画口中有舌之形而成字以表示言语行为，因口、舌乃言语器官，借指言语行为。

④欠/旡

旡与欠因姿势不同而分化，认知内容有别。

欠——甲骨文作“[明一八八〇]”或“[甲三七]”,《说文》小篆作“”。《说文·欠部》:“，张口气悟也。象气从人上出之形。”按:甲骨文描述人张口以示饥饿或出气等。如《集韵·验韵》:“欠，不足也。”《正字通·欠韵》:“欠者，气不足也，故引申为欠缺字。”欠缺食物则饥饿，饥饿就需要饮食，所以从欠之字多与饮食有关，如“饮”“炊”等。表示出气的例子如“吹”,甲骨文作“[乙一二七八反]”或“[后下二四·一四]”,描述张口呼气之状而成字,《说文》小篆承甲骨文作“”,隶变作“吹”。《说文·口部》:“，嘘也。从口从欠。”

旡——甲骨文作“[前四·三三·五]”或“[库一九四五①]”,描述张口回头以拒绝饮食之状，乃以“[明一八八〇]”为原型通过反转头部朝后而字形分化,《说文》小篆作“”。《说文·旡部》:“，饮食气屰不得息曰旡。从反欠。”如甲骨文“[佚六六七二]”,描述“(旡)”背向食器“”以示吃完或吃饱并拒绝食物之意。

“[前五・二三・二]”，乃描画船头上有一只桨之形以记认船只，属以舟为原型分化出的同源字，渡人之小舟。方，作部首表示舟之属，如“斻”，《说文・方部》：“斻，方舟也。从方，亢声。《礼》：‘天子造舟，诸侯维舟，大夫方舟，士特舟。’”

（六）门部的同源字——门/户

户截取门之部分而成字，分担了门的部分功能，专门表示门扇或家庭。

门——甲骨文作“[甲八四〇]”或“[前四一六・一①]”，《说文》小篆承甲骨文作“”，隶变作“門”，简化作“门”。《说文・门部》：“，闻也。从二户，象形。”按：考“[甲八四〇]”或“[前四一六・一①]”乃描画两扇门之形而成字以记认房门。

户——甲骨文作“[后下三六・三]”，《说文》小篆承甲骨文作“”，隶变作“户”。《说文・户部》：“，护也。半门曰户。”按：据“半门曰户”可知，甲骨文“[后下三六・三]”是省略一扇门（偏旁化）所分化的同源字，就像“行”省作“彳”，借指行走一样，专门表示门扇或家庭。

（七）月部的同源字——月/夕

月——甲骨文作“[粹六五九]”或“[京津五一六]”，《说文》小篆作“”。《说文・月部》：“，闕也。太阴之精，象形。”徐灏笺：“古文、钟鼎文象上下弦之形，日象其圆，故月象其闕也。《说文》小篆相承取字形茂美耳。”按：甲骨文“[粹六五九]”等乃直接描画夕月之形而成字以记认月亮，之所以取月牙之形，意在暗示月亮有圆缺变化。

夕——因夕月现于西方之时即傍晚时刻，见到夕月易于联想到傍晚，所以常借指傍晚，于是甲骨文分化出“[铁一六・一]”（夕）或“[甲一一二七①]”（夕），《说文》小篆承甲骨文作“”。《说文・夕部》：“，莫也。从月半见。”孙海波《甲骨文录考释》：“卜辞月夕同文，惟以文义别之，盖月夕二字之谊同取于月初见，故易混也。”按：月、夕二字之所以易混，就是因为“同取于月初见”之故，但其因取形法有别而字形分化：“月”属表形用法，直接描画夕月之形而成字以记认月亮；而夕则属于借形法，借月之形表示傍晚，即许君所说“莫也”，所指与“月”有明显的区别。为了同“月”相区别，《说文》小篆作“(夕)”以区别于“(月)”。

第三节　甲骨文古今分化

甲骨文中有许多古今字，古今字是一种甲骨文的形体分化现象。本节重点对甲骨文古今字的概念、分化原因进行讲解，并举例解释部分古今字。

一、甲骨文古今字的概念及分化的原因

(一)古今字的概念

古今字又叫“分别文”，甲骨文常为区别意义以原字形为声旁再添加形旁构成一个新形声字，原字形称为“古字”，而后构成的新字称为“今字”，合称“古今字”。“古今字”是个时间概念，古字早，今字晚。如甲骨文“[粹二六二]”(㝵)，描述以“(又)”捡“(贝)”，以示得到钱财之意，因古代以贝为货币，所以贝可代表钱财。由于“㝵”也读作“ài”，意义同“礙”，今作“碍”。为了区别意义，就以“[粹二六二]”为声旁增“(彳)”作“[京都二一一三]”，《说文》小篆承之作“”。《说文・行部》：“，行有所得也。从彳，㝵声。多则切。”按：甲骨文“”，从“(彳)”作部首，属类化符号，表示与行走有关，而声旁“(㝵)”，由“[粹二六二]”演变而来，从“(又)”拾“(贝)”，意义概括为获得。从时间上来看，先有“(㝵)”而后造“(得)”字，所以“(㝵)”“(得)”为古今字。

古今字的特点是古字充当今字的声旁，并表示本义。

二、甲骨文古今字例释

屰/逆——屰，甲骨文作“[甲二八〇五]”“[乙三九三九①]”“[京津三五二四]”，《说文》小篆作“”。《说文·干部》：“，不顺也。从干下屮。屰之也。”段玉裁注：“后人多用逆，逆行而屰废也。”《汉语大字典·屮部》：“甲骨文、金文‘屰’字，从倒大，大为正面人体，倒置表示顺逆的‘逆’。‘屰’，即‘逆’的初文。”因“屰”引申为相向而行，即“迎接”，所以就用“（屰）”作声旁增形旁“（彳）”作“[前五·二六·五]”或增“（止）”作“[乙八气六二]”以表示之。逆，《说文》小篆作“”。《说文·辵部》：“，迎也。从辵，屰声。关东曰逆，关西曰迎。”按：自逆字出屰字只作偏旁了，如“朔”字中的“屰”。

正/征——正，甲骨文作“[甲三九四〇]”“[一一〇五四]”或“[甲乙九三①]”，《说文》小篆承甲骨文作“”，隶变作“正”。《说文·正部》：“，是也。从止，一以止。”按：正，征伐。从止、一。征伐必行军，所以从“止”借指行走，“一”地也。如《诗·商颂·玄鸟》：“古帝命武、汤，正域彼四方。”其中的“正”，即征伐之意。正字因意义引申，征伐之意遂不显，所以增“（彳）”作“[存下八四八]”作征伐专字。

及/彶——及，甲骨文作“[粹六六五]”，描述从后面追上并用“（又）”抓人之状而成字。《说文》小篆承甲骨文作“”。《说文·又部》：“，逮也。从又从人。”按：由于及字引申为“急行”，于是就增“（彳）”造今字“[乙九〇七七]”以示急行。《说文》小篆承甲骨文作“”。《说文·彳部》：“，急行也。从彳，及声。”从彳作部首表示行走。

畐/福——畐，甲骨文作“[甲三〇七二]”或“[粹三九]”，描画酒器盛满酒之状而成字以表示满足之意。《说文》小篆作“”，隶变作“畐”。《字彙·田部》：“畐，古福字。”按：由于畐引申为福祐，为了区别意义，所以增“（示）”“（廾）”造今字“[甲二六八四]”“[前四·二二·一]”或“[佚三六二]”，《说文》小篆承甲骨文统一字形作“”，隶变作“福”。《说文·示部》：“，祐也。从示，畐声。”罗振玉《增订殷虚书契考释》：“（甲文）象两手奉尊于示前，或省廾，或并省示，即后世之福字。”按：许慎“祐也”之说乃引申义。由于意义引申，所以甲骨文“[佚三六二]”增“廾”“示”，表示奉酒敬神灵求福祐之意。《汉语大字典·示部》：“古称富贵寿考等齐备为福。”

八/北、非——八，甲骨文作“[前二·三二·四]”，《说文》小篆承甲骨文作“”，隶变作“八”。《说文·八部》：“，别也。象分别相背之形。”甲骨文增笔画另造今字“[戬二六·四]（北）”以分担相背之意，《说文》小篆承甲骨文作“”，隶变作“北”。《说文·北部》：“，菲也。从二人相背。”唐兰《释四方之名》：“北由二人相背，引申而有二义：一为人体之背，一为北方。”按：因堂屋面南背北，所以“北”引申为“北方”之“北”。又由于“二人相背”引申为“违背”所以增笔画另造“[拾一一一·八①]”（非）作违背的专字。《说文》小篆承甲骨文作“”，隶变作“非”。《说文·非部》：“，违也。从飛下翅，取其相背。”

卜/占——卜，甲骨文作“[菁一·一①]”或“[铁一七三·四]”，《说文》小篆承甲骨文作“”，隶变作“卜”。《说文·卜部》：“，灼剥龟也，象灸龟之形。一曰象龟兆之纵横也。”按：甲骨文“[菁一·一①]”乃因占卜需要而灼龟甲时所产生的裂痕，称之为“龟兆”。占卜就是根据龟兆来卜问，为了表示卜问，甲骨文就增口等另造今字“[前四·二五·一]”“[铁七七·一]”或“[后上七·一三①]”，《说文》小篆承甲骨文统一字形作“”，隶变作“占”。《说文·卜部》：“，视兆问也。从卜从口。”按：因“视兆问”必用口，所以卜加口旁作“占”。另，甲骨文“[铁七七·一]”或“[后上七·一三①]”中之“”或“”乃刻甲骨文之兽骨。

亦/夜——亦，甲骨文作“[前七·四·三]”或“[甲八九六]”，《说文》小篆承甲骨文作“”，隶变作“亦”。《说文·亦部》：“，人之臂亦也。从大，象两亦之形。”按：由于亦字意义引申，腋窝之意不显，所以增月作“[周原卜甲①]”（夜），有二意：一是腋窝，如果着眼于“（夜）”中之“（亦）”，“（夜）”则可理解为腋窝，后另造今字“腋”作腋窝之专字。二是夜晚，“腋”字出，夜成了夜晚之夜的专字，因为如果着眼于“（夜）”中之“（夕）”，那么“（夜）”则可理解为夜晚。

酉/酒——酉，甲骨文作“[粹二八]”或“[乙六七一八]”，《说文》小篆承甲骨文作“”。《说文·酉部》：“，就也。八月黍成，可为酎酒。”按：甲骨文“[粹二八]”或“[乙六七一八]”乃描画酒瓶之形而成字以记认酒器，因酒器盛酒，可借指酒，所以甲骨文增偏旁作今字“[甲二一二一①]”（酒）专门表示酒，酒字出，酉则只记认器皿了。

主要参考文献

[1](南朝梁)顾野王:《玉篇》,《续修四库全书》本。

[2](汉)许慎:《说文解字》,中华书局 1963 年版。

[3](清)徐灏:《说文解字注笺》,《续修四库全书》本。

[4](清)段玉裁:《说文解字注》,光绪十九年(1893 年)同文书局石刻本。

[5](清)戴震:《戴震文集》,赵玉新点校,中华书局 1980 年版。

[6]商承祚编:《殷虚文字类编》,1923 年木刻本。

[7]王力:《同源字典》,商务印书馆 1982 年版。

[8]徐中舒主编:《甲骨文字典》,四川辞书出版社 1989 年版。

[9]汉语大字典编辑委员会编著:《汉语大字典》(缩印本),四川辞书出版社、湖北辞书出版社 1993 年版。

[10]王玉新:《汉字认知研究》,山东大学出版社 2000 年版。

[11]王玉新:《汉字部首认知研究》,山东大学出版社 2009 年版。

[12]王玉新:《"甲骨文+"字理识字教学研究》,山东大学出版社 2019 年版。